中国谚语用法辞典
中国語ことわざ用法辞典

金丸　邦三　共著
孫　玄齢

東京 **大学書林** 発行

まえがき

　中国には"盐能给饭菜提味，谚语能使语言优美"（塩はよく料理の味を引き立て、諺はよく言葉を美しくする）という諺があります。諺は文字どおり「言技」（ことわざ）であり、言語芸術の花として、特に節奏性に富む簡潔な言語形式のなかに、思想性ゆたかな人生哲学が凝縮されています。「諺は知恵の結晶」と言われる所以です。

　また「諺は考える鍵」とも言われます。わたしたちの日常生活のなかで、善きにつけ悪しきにつけ、何事もよく諺を持ち出してその当否が論じられます。例えば、ある事について、それを積極的に進めたい時には、「善は急げ」というではないかと言って賛成し、消極的な場合には、「急いては事を仕損じる」という諺を持ち出してブレーキをかけたりします。このように、諺は物事を判断する拠り所、行動の指針となっています。

　洋の東西を問わず、どの民族にもそれぞれの文化、社会、生活様式を反映した諺があり、それぞれの民族の多様な価値観、人生観、世界観が集約されていますが、もとより人間の健全な理性は世界中一様のものであってみれば、国を異にし民族を異にしても、その枠を越えた共通性、連帯性をもつことも当然です。本書では、国や言語が異なっても互いに類似する諺をできるだけ紹介するよう努めました。

　一方、諺にはそれぞれの生まれた背景や歴史があり、外国の者はしばしばその使い方を誤ることがあります。例えば、"笨鸟先飞"（のろまの鳥は先に飛び立つ）という諺はしばしば「バカな鳥は先に飛ぶ」と嘲笑しているように受け取られますが、これは自分はのろまだから先にやらせていただきますという謙辞として

用いられるのです。また、わが国で使われている諺には中国から転来したものが少なくありませんが、その使われ方にはしばしばずれが見られます。例えば、「羊を亡(うしな)いて牢を補う」は中国の『戦国策』を出典とする諺で、羊を失った後でも檻(おり)を繕っておけばそれ以上の損失は受けずにすむという意味ですが、わが国では手遅れになってから事を始めるという意味に解されています。そこで本書では、中国の諺の意味を解説するだけではなく、その諺を用いた短い会話を示して諺の用法を正しく理解する助けとなるようにしました。

　【用例】に示した中国語会話文は麗澤大学教授の孫玄齢先生に作っていただいたものです。孫先生は北京出身、中国音楽・演劇の専門家で、その方面の著作を多く出されています。本書で取り上げた諺の多くは俗諺であり、そのため例示した会話の内容や言葉遣いは些かくだけたものになったことをお断りしておきます。

　最後に本書を著すに当って参照させていただいた主な工具書の名を感謝の意をこめて後に記しておきます。

2006年1月

金丸邦三

参考資料

中華諺語大辞典	耿文輝 編著	遼寧人民出版社 1991
俗諺大全	鍾敏文 編	大衆文芸出版社 1997
中国俗語大辞典	温端政 主編	上海辞書出版社 1989
漢日成語諺語対訳	谷学謙・劉鴻麟 編訳	吉林人民出版社 1981
(故事・俗信)ことわざ大辞典		小学館 1982
世界ことわざ大辞典	梶山健 編	明治書院 1992
世界ことわざ大辞典	北村孝一 編	東京堂出版 1993
ことわざの泉	高嶋泰二 編著	北星堂書店 1987

目　　次

まえがき ……………………………………………………… i

A　1．挨着大树有柴烧　Āizhe dàshù yǒu chái shāo. ………… 1
　　　（大樹のそばにおれば焚く薪に事欠かぬ）

　　2．爱叫的狗不咬人　Ài jiào de gǒu bù yǎo rén. ………… 2
　　　（よく吠える犬は人を嚙まない）

B　3．百里不同风，千里不同俗 ……………………………… 4
　　　Bǎilǐ bù tóng fēng, qiānlǐ bù tóng sú.
　　　（百里風を同じうせず、千里俗を同じうせず）

　　4．班门弄斧　Bān mén nòng fǔ. ………………………… 6
　　　（魯班の門前で斧を振るう）

　　5．笨鸟儿先飞　Bèn niǎor xiān fēi. ……………………… 7
　　　（のろまの鳥は先に飛び立つ）

　　6．比上不足，比下有余　Bǐ shàng bù zú, bǐ xià yǒu yú. …… 8
　　　（上に比べれば足りないが、下に比べれば余り有る）

　　7．不打不成交　Bù dǎ bù chéng jiāo. …………………… 10
　　　（喧嘩しないと知り合いになれない）

　　8．不到黄河心不死　Bù dào Huánghé xīn bù sǐ. ………… 11
　　　（黄河まで行き着かなければあきらめない）

　　9．不懂装懂，永世饭桶 …………………………………… 13
　　　Bù dǒng zhuāng dǒng, yǒngshì fàntǒng.
　　　（知ったかぶりをすれば、一生穀つぶし）

　10．不见兔子不撒鹰　Bù jiàn tùzi bù sā yīng. …………… 14
　　　（兎を見ぬうちは鷹を放たない）

| | 11. | 不怕慢，就怕站　Bù pà màn, jiù pà zhàn. ………… 16
(のろいのは怖くない、ただ怖いのは立ち止まること)
C | 12. | 差之毫厘，失之千里　Chā zhī háolí, shī zhī qiānlǐ. …… 17
(小さな誤りでも、最後には大きな間違いとなる)
| | 13. | 常将有日思无日　Cháng jiāng yǒurì sī wúrì. ………… 19
(常々有る時に無い時を思え)
| | 14. | 城门失火，殃及池鱼 ……………………………………… 20
Chéngmén shīhuǒ, yāng jí chíyú.
(城門が火事で、災いが池の魚に及ぶ)
| | 15. | 吃亏时节便宜在　Chīkuī shíjié piányi zài. ……………… 22
(損する時に、うまいことがある)
| | 16. | 吃人口短，拿人手短 …………………………………… 23
Chī rén kǒuduǎn, ná rén shǒuduǎn.
(ご馳走になれば言いたいことも言えず、贈物を受ければつい手加減し易くなる)
| | 17. | 吃一堑，长一智　Chī yī qiàn, zhǎng yī zhì. ………… 24
(一度つまずけば、それだけ賢くなる)
| | 18. | 初生牛犊不怕虎　Chūshēng niúdú bù pà hǔ. ………… 26
(生まれたばかりの子牛は虎を恐れない)
| | 19. | 出头的椽子先烂　Chū tóu de chuánzi xiān làn. ……… 27
(先の出た垂木は先に腐る)
| | 20. | 船到江心补漏迟　Chuán dào jiāngxīn bǔlòu chí. …… 29
(船が川中に出てから水漏れを塞いでも遅い)
| | 21. | 船到桥门自然直　Chuán dào qiáomén zìrán zhí. …… 30
(船は橋のたもとまで来ると自然に真っ直ぐになる)
| | 22. | 聪明反被聪明误　Cōngming fǎn bèi cōngming wù. …… 32
(聡明はかえって聡明のために誤る)

— iv —

23. 聪明一世，胡涂一时　Cōngming yīshì, hútu yīshí. ····· 33
   （一世の賢人も時にはバカな事をすることがある）

D 24. 打人别打脸　Dǎ rén bié dǎ liǎn. ················· 35
   （人を打つにも顔は打つな）

25. 大水冲不了龙王庙 ································· 36
   Dàshuǐ chōngbuliǎo Lóngwángmiào.
   （大水は竜王廟を押し流すことはできない）

26. 当局者迷，旁观者清 ····························· 38
   Dāngjúzhě mí, pángguānzhě qīng.
   （当事者は迷い、局外者ははっきりしている）

27. 当一天和尚撞一天钟 ······························ 39
   Dāng yìtiān héshang zhuàng yìtiān zhōng.
   （一日和尚になったら、一日鐘を撞く）

28. 到什么山唱什么歌 ································· 41
   Dào shénme shān chàng shénme gē.
   （どこの山に行っても、その山の歌を唄え）

29. 得了屋子想要炕　Déle wūzi xiǎng yào kàng. ···· 42
   （部屋を得ると炕（カン）が欲しくなる）

30. 得饶人处且饶人　Dé ráo rén chù qiě ráo rén. ···· 44
   （人を許せる時はひとまず許せ）

E 31. 儿孙自有儿孙福　Érsūn zì yǒu érsūn fú. ············ 45
   （児孫には自ずと児孫の福がある）

32. 二虎相争必有一伤 ································· 47
   Èr hǔ xiāng zhēng bì yǒu yī shāng.
   （二虎争えば必ず一方は傷つく）

F 33. 放下屠刀，立地成佛　Fàngxia túdāo, lìdì chéng fó. ···· 48
   （屠刀を捨てれば立ち所に成仏する）

— v —

G 34. 各人自扫门前雪，不管他人瓦上霜 ·············· 50
Gèrén zì sǎo ménqián xuě, bù guǎn tārén wǎshang shuāng.
（各人自分の門前の雪を掃き、他人の瓦の霜はか
まわない）

35. 狗急跳墙　Gǒu jí tiào qiáng. ·············· 51
（犬も焦ると塀を飛び越える）

36. 狗嘴里吐不出象牙来 ·············· 53
Gǒuzuǐ li tǔbuchū xiàngyá lai.
（犬の口から象牙は出て来ない）

37. 光脚的不怕穿鞋的 ·············· 54
Guāng jiǎo de bù pà chuān xié de.
（はだしの者は靴をはいている者を恐れない）

H 38. 还没打着狗熊，先别说分皮的话 ·············· 56
Hái méi dǎzháo gǒuxióng, xiān bié shuō fēn pí de huà.
（黒熊をまだ捕らえぬうちは、先ずは皮を分ける
話はするな）

39. 行行出状元　Hángháng chū zhuàngyuan. ·············· 57
（どの職業にも状元が現われる）

40. 好话三遍，连狗也嫌 ·············· 59
Hǎohuà sānbiàn, lián gǒu yě xián.
（忠告もたび重なれば犬でも嫌う）

41. 好了疤瘌忘了疼　Hǎole bāla wàngle téng. ·············· 60
（出来物が良くなると痛さを忘れる）

42. 好死不如赖活着　Hǎosǐ bùrú làihuózhe. ·············· 62
（立派に死ぬより惨めでも生きていた方がいい）

43. 好吃萝卜的不吃梨　Hào chī luóbo de bù chī lí. ·············· 63
（大根の好きな人は梨を食べない）

44. 黑狗偷了油，打了白狗头 ························ 65
    Hēigǒu tōule yóu, dǎle báigǒu tóu.
    (黒犬が油を盗み、白犬が頭を打たれた)

45. 横来的钱财汤浇雪 ····························· 66
    Hènglái de qiáncái tāng jiāo xuě.
    (思いがけぬ銭は湯を雪にかけるよう)

46. 话到舌尖留半句　Huà dào shéjiān liú bànjù. ············ 68
    (話は舌先に出かかっても半分残しておけ)

47. 黄泉路上没老少　Huángquánlù shang méi lǎoshào. ···· 69
    (黄泉路には老若なし)

48. 黄鼠狼给鸡拜年　Huángshǔláng gěi jī bàinián. ·········· 71
    (イタチが鶏に新年の挨拶をする)

49. 活到老学到老　Huódào lǎo xuédào lǎo. ················ 72
    (年寄るまで生きれば年寄るまで勉強)

50. 祸不单行　Huò bù dān xíng. ·························· 74
    (禍は単独では来ない)

J 51. 鸡蛋里挑骨头　Jīdànli tiāo gǔtou. ···················· 75
    (鶏の卵の中から骨を探そうとする)

52. 鸡飞蛋打　Jī fēi dàn dǎ. ···························· 77
    (鶏は逃げてしまう卵は割れてしまう)

53. 急来抱佛脚　Jílái bào fójiǎo. ························ 78
    (困った時に仏様の足に取りすがる)

54. 家菜不香野菜香　Jiācài bù xiāng yěcài xiāng. ············ 80
    (家の料理はまずく他家の料理は美味しい)

55. 姜是老的辣　Jiāng shì lǎode là. ······················ 81
    (生姜はひねたのが辛い)

56. 脚上泡自己走的　Jiǎoshang pào zìjǐ zǒu de. ············ 82
    (足のまめは自分が歩いて作ったもの)

57. 解铃还需系铃人 Jiě líng hái xū jì líng rén. ……… 84
   (鈴をほどくには鈴をつないだ人が要る)

58. 借时观音佛，还时似阎罗 ……… 85
   Jièshí Guānyīnfó, huánshí sì Yánluó.
   (借りる時は観音さん、返す時は閻魔のよう)

59. 今朝有酒今朝醉 Jīnzhāo yǒu jiǔ jīnzhāo zuì. ……… 87
   (今日酒があれば今日飲んで酔う)

60. 井水不犯河水 Jǐngshuǐ bù fàn héshuǐ. ……… 88
   (井戸水は川の水を犯さない)

61. 酒逢知己千杯少 Jiǔ féng zhījǐ qiānbēi shǎo. ……… 90
   (酒は知己と逢って飲めば千杯でも少ない)

62. 君子一言快马一鞭 Jūnzǐ yīyán kuàimǎ yībiān. ……… 91
   (君子の一言は速馬に一鞭くれたようなもの)

K 63. 夸嘴的大夫没好药 Kuāzuǐ de dàifu méi hǎoyào. ……… 93
   (自慢する医者に良薬なし)

L 64. 癞蛤蟆想吃天鹅肉 Làiháma xiǎng chī tiān'é ròu. ……… 94
   (ガマガエルが白鳥の肉を食べたがる)

65. 浪子回头金不换 Làngzǐ huítóu jīn bù huàn. ……… 96
   (放蕩息子が改心するのは黄金にも換えがたい)

66. 老虎还有打盹儿的时候 ……… 97
   Lǎohǔ hái yǒu dǎdǔnr de shíhou.
   (トラでも居眠りするときがある)

67. 老鹰不吃窝下食 Lǎoyīng bù chī wōxià shí. ……… 99
   (トビは巣の周りのものを餌食にしない)

68. 篱帮桩，桩帮篱 Lí bāng zhuāng, zhuāng bāng lí. ……… 100
   (垣根は杭を助け、杭は垣根を助ける)

69. 留得青山在，不怕没柴烧 ……… 101
   Liúdé qīngshān zài, bù pà méi chái shāo.

(青い山を残してあれば、焚く薪には困らない)

70. 路上说话，草里有人 ········· 103
　　Lùshang shuōhuà, cǎoli yǒu rén.
　　(路上で話をすれば、草むらで人が聞いている)

71. 路遥知马力，日久见人心 ········· 104
　　Lù yáo zhī mǎlì, rì jiǔ jiàn rénxīn.
　　(道遠くして馬の力を知り、日久しくして人の心が見える)

M 72. 马瘦毛长，人穷志短 ········· 106
　　Mǎ shòu máo cháng, rén qióng zhì duǎn.
　　(馬は痩せれば毛が長くなり、人は貧すれば志が小さくなる)

73. 卖瓜的说瓜甜　Mài guā de shuō guā tián. ········· 107
　　(瓜売りは瓜が甘いと言う)

74. 卖油娘子水梳头　Mài yóu niángzi shuǐ shūtóu. ········· 109
　　(髪油売りのおばさんが水で髪を梳いている)

75. 满瓶不响，半瓶叮当 ········· 110
　　Mǎnpíng bù xiǎng, bànpíng dīngdāng.
　　(一杯入った瓶は音を立てないが、半分のはピチャピチャ音がする)

76. 满招损，谦受益　Mǎn zhāo sǔn, qiān shòu yì. ········· 112
　　(うぬぼれは損を招き、謙遜は得をする)

77. 猫哭耗子　Māo kū hàozi. ········· 114
　　(猫が鼠のために泣く)

78. 没有高山，不显平地 ········· 115
　　Méiyou gāoshān, bù xiǎn píngdì.
　　(高い山がなければ平地は目立たない)

79. 木匠多了盖歪房　Mùjiang duōle gàiwāi fáng. ……… 117
　　（大工が多いと家が歪んで建つ）

N　80. 拿着金碗讨饭吃　Názhe jīnwǎn tǎo fàn chī. ……… 118
　　（金の碗を持って乞食をする）

　81. 泥菩萨过河，自身难保 ……………………………… 120
　　Ní púsa guò hé, zìshēn nán bǎo.
　　（泥の菩薩が川を渡るで、自分の身が危うい）

　82. 念完了经打和尚　Niànwánle jīng dǎ héshang. ……… 121
　　（経を読み終ったら和尚を殴る）

　83. 娘想儿长江水，儿想娘扁担长 …………………… 123
　　Niáng xiǎng ér Chángjiāng shuǐ, ér xiǎng niáng
　　biǎndan cháng.
　　（母が子を思う心は長江の水、子が母を思う心は
　　　天秤棒の長さ）

P　84. 爬得高跌得重　Páde gāo diēde zhòng. ……………… 124
　　（高く昇るほど落ち方もひどい）

　85. 胖子不是一口吃的　Pàngzi bù shì yī kǒu chī de. …… 126
　　（デブも一口食べて太ったのではない）

Q　86. 骑马也到，骑驴也到　Qí mǎ yě dào, qí lǘ yě dào. … 127
　　（馬に乗っても着くし、驢馬に乗っても着く）

　87. 巧妇难做无米之炊 ………………………………… 129
　　Qiǎofù nán zuò wú mǐ zhī chuī.
　　（器用な嫁も米がなければ飯は炊けない）

　88. 千里送鹅毛，礼轻人意重 ………………………… 130
　　Qiānlǐ sòng émáo, lǐ qīng rényì zhòng.
　　（遠方から鵞毛が届けられた、物は軽いが気持ち
　　　は重い）

89. 千里姻缘一线牵　Qiānlǐ yīnyuán yī xiàn qiān. ………… 132
    (千里離れていても男女の縁は一本の糸で結ばれている)

90. 千里之堤，溃于蚁穴　Qiānlǐ zhī dī, kuì yú yǐxué. ……… 133
    (千里の堤も蟻の穴から崩れる)

91. 前事不忘，后事之师 ……………………………………… 135
    Qiánshì bù wàng, hòushì zhī shī.
    (前事を忘れざるは後事の師なり)

92. 亲是亲，财是财　Qīn shì qīn, cái shì cái. ……………… 136
    (親は親、錢は錢)

93. 清官难断家务事　Qīngguān nán duàn jiāwùshì. ……… 138
    (りっぱな判官でも家庭問題はさばき難い)

94. 情人眼里出西施　Qíngrén yǎnli chū Xī Shī. …………… 140
    (恋人の目には西施のような美人が現われる)

95. 穷汉赶上闰月年　Qiónghàn gǎnshàng rùnyuè nián. … 141
    (貧乏人が閏月のある年に巡り合う)

96. 穷在世上无人问，富在深山有远亲 …………………… 142
    Qióng zài shìshang wú rén wèn, fù zài shēnshān
    yǒu yuǎnqīn.
    (貧乏だと街中にいても訪れる人はないが、
     金持ちだと山奥にいても遠戚までやって来る)

R 97. 人敬富的，狗咬破的 …………………………………… 144
    Rén jìng fùde, gǒu yǎo pòde.
    (人は金持ちを敬い、犬はボロ着ている人に吠える)

98. 人怕出名猪怕壮　Rén pà chūmíng zhū pà zhuàng. …… 146
    (人は名が出るのを恐れ豚は太るのを恐れる)

99. 人是苦虫，不打不成人 ………………………………… 148
    Rén shì kǔchóng, bù dǎ bù chéng rén.

(人は苦しむ動物、打たなければものにならぬ)

100. 人是铁，饭是钢　Rén shì tiě, fàn shì gāng. ……… 149
(人は鉄、飯は鋼)

101. 人是衣裳马是鞍　Rén shì yīshang mǎ shì ān. ………… 151
(人は服装、馬は鞍)

102. 人为财死，鸟为食亡 ……………………………… 153
Rén wèi cái sǐ, niǎo wèi shí wáng.
(人は財のために、鳥は餌のために命を落す)

103. 人心似铁，官法如炉　Rénxīn sì tiě, guānfǎ rú lú. …… 154
(人心は鉄のようでも、国法は炉のようなものだ)

S　104. 三个臭皮匠，顶个诸葛亮 ……………………………… 156
Sānge chòu píjiang, dǐng ge Zhūgě Liàng.
(三人の皮職人は一人の諸葛亮に匹敵する)

105. 三个人抬不过理字　Sān ge rén táibuguò lǐ zì. ……… 157
(三人しても理という字は担いで行けない)

106. 三句话不离本行　Sān jù huà bù lí běnháng. ……… 159
(二言目には自分の仕事に話が及ぶ)

107. 三人行必有我师　Sān rén xíng bì yǒu wǒ shī. ………… 160
(三人で行けば必ず師となる者がいる)

108. 三天打鱼，两天晒网 ……………………………………… 162
Sān tiān dǎ yú, liǎng tiān shài wǎng.
(三日魚をとり二日網を干す)

109. 杀鸡给猴子看　Shā jī gěi hóuzi kàn. ……………… 163
(鶏を殺して猿に見せてやる)

110. 上梁不正下梁歪 ……………………………………… 164
Shàngliáng bù zhèng xiàliáng wāi.
(上の梁が真っ直ぐでないと下の梁も曲がる)

111. 上山擒虎容易，开口告人难 ·········· 166
　　Shàng shān qín hǔ róngyì, kāi kǒu gào rén nán.
　　（山に登って虎を捕えるのは易いが、口を開いて
　　人に頼むのは難しい）

112. 舌头底下压死人　Shétou dǐxià yāsǐ rén. ········· 167
　　（舌の下で人を圧死させる）

113. 蛇入竹筒，曲性不改 ·········· 169
　　Shé rù zhútǒng, qūxìng bù gǎi.
　　（蛇は竹筒の中に入れても、曲がる癖は直らない）

114. 舍不得芝麻，打不得油 ·········· 170
　　Shěbude zhīma, dǎbude yóu.
　　（ゴマを惜しんでは油はとれない）

115. 世上无难事，只要有心人 ·········· 172
　　Shìshang wú nánshì, zhǐyào yǒuxīn rén.
　　（世の中に難事はない、ただやる気のある人が必
　　要なだけだ）

116. 是儿不死，是财不散　Shì ér bù sǐ, shì cái bù sàn. ····· 173
　　（本当の子なら死なず、本当の財産なら無くなら
　　ない）

117. 瘦死的骆驼比马大　Shòusǐ de luòtuo bǐ mǎ dà. ········ 175
　　（痩せ細ったラクダでも馬より大きい）

118. 水平不流，人平不言 ·········· 176
　　Shuǐ píng bù liú, rén píng bù yán.
　　（水は平らな所では流れず、人は公平な時は文句
　　を言わない）

119. 说着曹操，曹操就到 ·········· 177
　　Shuōzhe Cáo Cāo, Cáo Cāo jiù dào.
　　（曹操の話をしていたら曹操がやって来た）

120. 死马当作活马医　Sǐmǎ dàngzuò huómǎ yī. ……… 179
（死に馬を生き馬として治療する）

T 121. 贪字贫字一样写　Tān zì pín zì yíyàng xiě. ……… 181
（貪の字と貧の字は同じように書く）

122. 天下乌鸦一般黑　Tiānxià wūyā yìbān hēi. ……… 182
（天下の烏は同じ様に黒い）

W 123. 为人不做亏心事，半夜敲门心不惊 ……… 184
Wéi rén bù zuò kuīxīn shì, bànyè qiāo mén xīn bù jīng.
（人として心に恥じる事をしていなければ、夜中に戸を叩かれても驚かない）

124. 乌鸦笑猪黑　Wūyā xiào zhū hēi. ……… 185
（烏が豚の黒いのを笑う）

125. 无针不引线，无水不渡船 ……… 187
Wú zhēn bù yǐn xiàn, wú shuǐ bù dù chuán.
（針がなければ糸を通せず、水がなければ船を渡せない）

126. 捂着耳朵偷铃铛　Wǔzhe ěrduo tōu língdang. ……… 188
（耳を覆って鈴を盗む）

X 127. 想吃老虎肉，又怕老虎咬 ……… 190
Xiǎng chī lǎohǔ ròu, yòu pà lǎohǔ yǎo.
（虎の肉は食べたいが、虎に噛まれるのが怖い）

128. 新鞋不踩臭狗屎　Xīnxié bù cǎi chòu gǒushǐ. ……… 191
（新しい靴では臭い犬の糞を踏まない）

129. 惺惺惜惺惺　Xīngxīng xī xīngxīng. ……… 193
（賢者は賢者を惜しむ）

Y 130. 淹死的是会水的　Yānsǐ de shì huì shuǐ de. ……… 194
（溺れ死ぬ者は泳ぎが達者な者）

131. 阎王催命不催食　Yánwang cuī mìng bù cuī shí. …… 196
　　（閻魔は命の催促はするが、食事はせかさない）

132. 眼不见心不烦　Yǎn bù jiàn xīn bù fán. ………………… 197
　　（目に見なければ、気にならない）

133. 羊毛出在羊身上 ……………………………………………… 199
　　Yángmáo chūzai yángshēnshang.
　　（羊毛は羊の体から出たもの）

134. 一不做，二不休　Yī bù zuò, èr bù xiū. ……………… 200
　　（一にはやるな、二にはやめるな）

135. 一床被里不盖两样人 ……………………………………… 202
　　Yī chuáng bèili bù gài liǎng yàng rén.
　　（一つの掛け布団は二人の違った人に掛けない）

136. 一个巴掌拍不响　Yíge bāzhǎng pāibuxiǎng. ………… 204
　　（片手では拍手はできない）

137. 一个槽里拴不下俩叫驴 ……………………………………… 205
　　Yíge cáoli shuānbuxià liǎ jiàolú.
　　（一つの飼葉桶に２頭の雄ロバを繋いでおくこと
　　はできない）

138. 一个篱笆三个桩，一个好汉三个帮 ………………… 207
　　Yíge líba sān ge zhuāng, yíge hǎohàn sān ge bāng.
　　（一つの垣根には３本の杭、一人の好漢には３人
　　の助けが要る）

139. 一艺在身，胜积千金 ……………………………………… 208
　　Yīyì zài shēn, shèng jī qiānjīn.
　　（一芸が身にあれば、千金を貯えるに勝る）

140. 一针不补，十针难缝 ……………………………………… 210
　　Yī zhēn bù bǔ, shí zhēn nán féng.
　　（一針の繕いをしなければ、十針でも難しくなる）

141. 有奶就是娘　Yǒu nǎi jiùshì niáng. ……… 212
　　（乳をくれれば母親）
142. 有钱难买子孙贤　Yǒu qián nán mǎi zǐsūn xián. ……… 214
　　（金があってもよい子孫は買い難い）
143. 有钱能使鬼推磨　Yǒu qián néng shǐ guǐ tuī mò. ……… 215
　　（金があれば幽鬼にも臼を引かせることができる）
144. 有钱王八坐上席　Yǒu qián wángba zuò shàngxí. …… 217
　　（金があれば馬鹿も上座に坐る）
145. 与人方便自己方便　Yǔ rén fāngbiàn zìjǐ fāngbiàn. … 218
　　（人に便宜を図れば自分の便宜にもなる）
146. 远水救不了近火　Yuǎnshuǐ jiùbuliǎo jìnhuǒ. ………… 220
　　（遠くの水は近くの火事を消せない）

Z　147. 丈二的和尚摸不着头脑 ……………………………… 222
　　Zhàng èr de héshang mōbuzháo tóunǎo.
　　（一丈二尺の坊さんはその頭に触ることができない）
148. 种瓜得瓜，种豆得豆 ………………………………… 223
　　Zhòng guā dé guā, zhòng dòu dé dòu.
　　（瓜を蒔けば瓜が取れ、豆を蒔けば豆が取れる）
149. 嘴上无毛，办事不牢 ………………………………… 225
　　Zuǐshang wú máo, bànshì bù láo.
　　（口元に髭のない者は仕事が堅実でない）
150. 醉翁之意不在酒　Zuìwēng zhī yì bù zài jiǔ. ………… 227
　　（酔翁の意は酒に在らず）

日本語ことわざ索引 ……………………………………………… 229

イラスト：カナマル　ミナコ

中国語ことわざ用法辞典

1．挨着大树有柴烧

Āizhe dàshù yǒu chái shāo.

大樹のそばにおれば焚く薪に事欠かぬ。

【解説】
"挨"は「近づく、そばに寄る」という意味。大樹のそばにいれば燃やす薪はいくらでもあるということで、"依着大树不缺柴"ともいい、また"大树底下好乘凉"（大樹の下は涼むのにいい）も類似の諺である。わが国の諺では「寄らば大樹の陰」「立ち寄らば大木の下」に当る。人に頼るならば、勢力のある者のほうがよいということである。

しかし、大きいもの、強いものが必ずしもいいとは限らない。"挨着大树不长苗"（大樹のそばでは若木は育たない）という。大樹に陽光を遮られ、水分を奪われるためである。同じく大樹の陰にあっても、プラスもあればマイナスもある。このように諺はしばしば物事の両面性を説くのである。

【用例】
a：你们的研究小组的同学们水平很高啊！
b：你这是从哪说起呢？
a：我听了你们的研究报告，搞得非常仔细，我很佩服！
b：那是我们的指导教师特别有学问，指导有方。
a：啊，原来如此！你们可真幸运！
b：是呀，"挨着大树有柴烧"嘛！

a：あなた方の研究グループの学生諸君はレベルが高いですね。
b：それはまたどういうことからおっしゃるのですか。

a：あなた方の研究報告が大変詳細であるのを聞いて、敬服しました。
b：それは私達の指導教授が学識があり、指導力がすぐれているためです。
a：あ、そういうことですか。幸せですね。
b：ええ、「寄らば大樹の陰」といいますからね。

【語注】
　有方：方法にかなう。当を得ている。　**原来如此**：もともとそういうことでしたか。

2．爱叫的狗不咬人

　　Ài jiào de gǒu bù yǎo rén.
　　よく吠える犬は人を噛まない。

【解説】
　"爱～"は「よく～する」の意。日本の諺でも「吠える犬は噛みつかぬ」という。むやみに威張ったり強そうなことをいう者にかぎって実力はないということである。英語でも "A barking dog seldom bites."（吠える犬はめったに噛まぬ）という。
　類似の諺に、"好叫的猫逮不住老鼠 hào jiào de māo dǎibuzhù lǎoshǔ"（よく鳴く猫は鼠を捕らぬ）、"爱叫的麻雀 máquè 不长肉 zhǎng ròu"（よく鳴く雀は肉がついていない）などがある。この諺の反対は "咬人的狗不露齿 lòuchǐ"（人を噛む犬は歯を見せぬ）とか、"恶狗 è gǒu 咬人不露齿" といい、実力のある者ほど無口で静かであるという。

【用例】

a：刘强太爱说话，什么都要发表意见，我看对他得小心一些。
b：不用，不用。他是个直肠子，没坏心眼儿。坐你旁边的那个人你倒是得提防点儿。
a：为什么？人家不声不语的！
b：我可是吃过他的大亏！"爱叫的狗不咬人"，不说话的人才危险呢。
a：那，我得要注意点儿了。

a：劉強(リュウチアン)はおしゃべりで、何にでも口を出すから彼には気をつけた方がいいと思う。
b：そんな必要はないさ。彼は開けっ広げで腹黒くない。君のそばに坐っている人こそ用心しなくちゃ。
a：どうして？ あの人は無口な人だ。
b：でも僕は彼に一杯食わされたことがあるんだ。「吠える犬は人を嚙まない」が、ものを言わない人こそ危険だよ。
a：じゃ、僕も注意するよ。

【語注】

直肠子 zhíchángzi：開けっ広げである。 **坏心眼儿**：腹黒い。 **提防** dīfang：用心する。警戒する。 **吃他的大亏** kuī：彼に一杯食わされる。

3．百里不同风，千里不同俗

Bǎilǐ bù tóng fēng, qiānlǐ bù tóng sú.

百里風を同じうせず、千里俗を同じうせず。

【解説】

　土地が違えばそれぞれ風俗・習慣も異なるということを言ったもので、"离家三里远，各处各乡风"（家を三里離れただけで、各地には各地の風習がある）とも、"离城十里路，各有各乡风"（城から十里離れると、それぞれの土地の慣わしがある）とも言い、また"十里不同俗"と簡単に言うこともある。

　日本の諺では「所変われば品変わる」とか「難波の葦は伊勢の浜荻」などがこれに相当しよう。

　なお、四字成語に"南桔 jú 北枳 zhǐ"（南方のタチバナは北方のカラタチ）というのがあり、「所変われば品変わる」の意に用いられることがあるが、元来は「善人も風俗の悪い所へ行くと悪人に変わる」という意味であるから注意を要する。

【用例】

a：北京和天津只相隔一百公里，说话的调儿怎么相差那么远呢？

b：哪只说话的调儿呢，生活习惯也有点不同。要是离得再远些，吃、穿、住、行的区别就都大了。俗话说"百里不同风，千里不同俗"。

a：怪不得，中国的东南西北相差得那么大。听说北方人到了福建、广东就听不懂那儿的话了，跟傻子差不多。

b：就是嘛！气候也差远了，东北下雪，海南岛还得挂蚊帐呢！风俗习惯哪能一样呢？

a：北京と天津は僅か100キロしか離れていないのに、言葉の調子はどうしてあんなに違うのですか。

b：言葉の調子だけではありません、生活習慣も少し違います。もしもう少し離れたら、食・衣・住・行の違いはずっと大きくなります。諺に「所変われば品変わる」と言いますからね。

a：道理で、中国の東西南北はあんなに違うわけですね。聞く所では北方の人が福建・広東へ行ったらそこの言葉が分からずバカのようだということですね。

b：その通りですよ。気候も大変違い、東北で雪が降る時、海南島では蚊帳を吊しているんです。風俗習慣がどうして同じでしょう。

【語注】

哪～呢：(反語で)どうして～であろうか。 **怪不得** guàibude：それもそのはず。道理で。 **傻子** shǎzi：愚か者。バカ。 **就是嘛** jiùshì ma：まさにその通りです。 **哪能** nǎnéng **～呢**：(反語で)どうして～であろうか。

4. 班门弄斧

Bān mén nòng fǔ.

魯班の門前で斧を振るう。

【解説】

"班"とは春秋時代魯国の名工として知られた"魯班"を指す。"弄斧"は、昔の大工の主要な工具である斧を振るうこと。魯班の門前で斧を振るうとは、その道の達人の前で自分の腕前をひけらかすこと、即ち「身の程知らず」のことをいう。他に"鲁班门前夸手艺 Lǔ Bān ménqián kuā shǒuyì"（魯班の門前で腕を自慢する）とか、"关公面前耍大刀 Guāngōng miànqián shuǎ dàdāo"（関羽の面前で大刀を振るう）、"圣人面前卖孝经 shèngrén miànqián mài xiàojīng"（孔子様の面前で孝経を売る）など類句は多い。

日本でも「釈迦に説法」「孔子に論語」とか「河童に水練」などといい、ドイツでは「鶯鳥が白鳥に歌を教える」というそうである。

【用例】

a：我想参加这次书法比赛，你看怎么样？
b：我看，你算了吧。这次是专业性质的比赛，你这个业余的要参加，不是"班门弄斧"吗？要是非参加不可，也是给人家当分母去，何必呢？
a：你这盆凉水泼得我心里都凉了。算了，我不参加了。

a：今回の書道コンクールに参加したいのだけれど、どう思う？
b：やめた方がいいんじゃないの。今回はプロ級のコンクールで、あんたのようなアマが参加するのは「身の程知らず」じゃな

い？ もしどうしても参加するなら、人のために倍率を高くしてやるだけで、そんな必要ないんじゃない？
a：君に冷水を浴びせられてすっかりやる気なくしたよ。やめた、参加しないよ。

【語注】
　算了：やめにする。　**业余的 yèyúde**：アマチュア。　**非～不可**：どうしても～しなければならない。**给人家当分母**：他人のために分母となる。競争率を高める。　**何必 hébì 呢**：そんな必要はない。　**心凉**：気がなえる。やる気をなくす。

5．笨鸟儿先飞

Bèn niǎor xiān fēi.

のろまの鳥は先に飛び立つ。

【解説】
　"**笨鸟儿**"は"**笨雀儿 bèn quèr**"ともいう。力の足りない者は事をするに当って人よりも早めに着手するという喩えである。"**笨人先起身 qǐshēn，笨鸟早出林**"（のろまの者は先に出立し、のろまの鳥は早く林を出る）ともいう。いずれも多くは自分はのろまだから先にやらせていただきますという謙辞として用いられる。決して「バカな鳥は先に飛ぶ」と嘲笑しているのではない。そこには"**勤能补拙 qín néng bǔ zhuō**"（勤勉が拙を補う）という、勤勉努力によって自分の能力不足を補うことを賞賛する考えが見られるのである。そしてその効果を強調するのが"**笨鸟先飞早入林，小船早开先到岸 xiǎochuán zǎokāi xiān dào àn**"である。

【用例】

a：星期天咱们去海边吧，好久没出去散散心了。
b：我可去不了！快考试了，我得准备功课，没那份闲心。
a：离考试还早着呢，你怕什么？
b：我不能和你比，你脑袋好，考试前看一遍就行了。我不行，我得"笨鸟先飞"，非早早复习不可。

a：日曜日に海辺に行って、久しぶりに気晴らししよう。
b：でも僕は行けないよ。もうすぐ試験だから勉強の準備をしなくちゃ。そんなのんびりしてられないね。
a：試験までまだ全く早いよ。何を心配するんだ。
b：僕は君とは違う。君は頭がいいから、試験前にざっと見ればいいが、僕はだめだ。「のろまの鳥は先に飛ぶ」必要がある。早くから復習しなければいけないんだ。

【語注】
散心 sànxīn：気晴らしをする。　**闲心**：心のゆとり。余裕。　**～着呢**：状態の程度が高いことを表わす。

6．比上不足，比下有余

Bǐ shàng bù zú, bǐ xià yǒu yú.

上に比べれば足りないが、下に比べれば余り有る。

【解説】

日本の諺「上を見ればきりがない」に当るだろう。上を見ればきりがないから、仕事でも暮らしでも程々のところで満足するの

がよいという戒めである。この二句の前にさらに二句"人家骑马咱骑驴 lú，回头还有步行的"とか、"人家骑马我骑骡 luó，回头还有推车汉"などが置かれることがある。人様は馬に乗っているが自分はロバやラバにしか乗れない、しかし振り返って後を見ると徒歩の人もいれば車を押している人だっている。日本にも「駕籠(かご)に乗る人担(かつ)ぐ人、そのまた草履(ぞうり)を作る人」というのがある。古今東西、人間の社会には"人比人，气死人"（人と比べたら、全く腹が立つ）ことが多いので、何事も程々にという中庸の思想が尊ばれるのであろう。

【用例】

a：你看邻居老王家，儿女都在外企工作，大把大把地给家里挣钱。
b：你别只看他们，你看老刘家，就靠那点退休金过日子，还不如咱们呢！
a：你怎么老往下看呢？
b：人就得上下都看看才成呀！咱们俩的收入不算高也不算低，"比上不足，比下有余"嘛，咱们就知足吧！

a：隣の王(ワン)さんの所をご覧なさい。子供たちが皆外資系企業に勤めていて、ガッポガッポと家にお金を稼いで来るわ。
b：あの人たちだけ見てはいけない。劉(リュウ)さんの所をご覧、僅かな年金を頼りに暮らしているんだ、うちにも及ばないぞ。
a：どうして下の方ばかり見るんです？
b：上も下も見なければいかんさ。俺達二人の収入は多くもないが少なくもない。「上を見ればきりがない」だよ、足るを知らなくちゃ。

【語注】

外企 wàiqǐ：外資系企業。 **大把**：手一杯持ったものを数える量詞。ごっそり。 **得 děi～才成**：～してこそいい。～しなければいけない。 **不算～**：～とは言えない。

7．不打不成交

Bù dǎ bù chéng jiāo.

喧嘩しないと知り合いになれない。

【解説】

"不打不成相识 xiāngshí"ともいう。日本でも「喧嘩の後の兄弟名乗り」とか、「いさかい果てての契り」とかいう。喧嘩したために却って親しくなることを言っている。この諺の日本語訳はよく「雨降って地固まる」とされているが、適切な訳ではない。「雨降って…」は必ずしも喧嘩だけに限ったことではなく、困難な事や悪い事があった後などに却って良い状態になることをいうのである。

なお、喧嘩に関する諺には「喧嘩両成敗」（喧嘩は理非を問わず双方を処罰する）というのがあるが、中国でも"**有理无理三扁担** biǎndān"（道理が有る無しによらず双方とも天秤棒で3回叩く）という。もめ事を双方恨みを残さず落着させようとの知恵であろうか。

【用例】

a：曹文珍和陈颖大吵了一架，后来怎么样了？
b：说起来也怪，她们俩不但没结仇，反倒比以前好多了。

a：大概是把积攒起来的意见都说出来了，看看没什么了不起的，误会也就解开了。
b：这就是"不打不成交"嘛！
a：不过，还是别打的好。

a：曹文珍(ツァオウェンチェン)と陳穎(チェンイン)は大喧嘩をしたけど、その後どうですか。
b：不思議なことに、彼女達は恨み合うことがないばかりか、却って以前よりずっと仲よくなりました。
a：多分溜っていたことをみんな吐き出して、大したことでなかったと分かって、誤解も解けたんでしょう。
b：正に「喧嘩の後の兄弟名乗り」ですね。
a：でも、やはり喧嘩はしない方がいいですよ。

【語注】
吵架 chǎojià：喧嘩をする。　**不但A反倒** fǎndào **B**：Aでないばかりか却ってBだ。　**结仇** jiéchóu：互いに恨みを抱く。　**积攒起来** jīzǎn：溜め込む。　**了不起** liǎobuqǐ **的**：大したこと。　**～的好**："倒好"に同じ。～の方がよい。

8．不到黄河心不死

Bù dào Huánghé xīn bù sǐ.

黄河まで行き着かなければあきらめない。

【解説】
"心不死"は"不死心"に同じで「断念せぬ、あきらめぬ」の意。目的を達成しなければあきらめないという諺である。類句に"不

到乌江 Wūjiāng 心不死"がある。烏江に追いつめられた項羽が自尽することを踏まえて、死ぬまで頑張る、あくまでやりぬく決意を表わす言葉である。

似かよった意味の諺に"不到长城非好汉"（長城に至らずんば好漢に非ず）がある。初志を貫徹しなければ立派な人間ではないという意味である。

なお、最後までやり通すという意味では後出"一不做，二不休"があるが、これは一般に悪事についていう諺で、日本の「毒を食らわば皿まで」に相当する。（134. 参照）

【用例】

a：听说小英子想去美国，几次都拒签了，现在怎么样了？
b：别提了，她到处托人想办法，最近搞到了去什么毛里求斯的签证。
a：她到那儿干什么去？
b：不知道，反正她是"不到黄河心不死"，非得出去看看不可。
a：人生地不熟的，真叫人担心。

a：小英子(シアオインズ)はアメリカに行きたいのに、何度もビザ発給不許可になったそうだけど、今はどうなったかしら。
b：あきれたわ。彼女はあちこち人に頼んで最近モーリシャスとかに行くビザを手に入れたのよ。
a：そこに行って何するの。
b：知らない。どうせ「黄河まで行かなければあきらめない」で、どうしても海外に行ってみなければならないんでしょう。
a：見知らぬ土地で、心配だわね。

【語注】
　拒签 jùqiān：ビザ発給不許可。　**别提了**：話にならない、あきれた。　**搞到** gǎodào：手に入れる。　**毛里求斯** Máolǐqiúsī：モーリシャス（インド洋上の島国）。　**非得** fēiděi **～不可**：どうしても～しなければならない。　**人生地不熟** shú：知人もなく、土地にも不案内である。

9．不懂装懂，永世饭桶

Bù dǒng zhuāng dǒng, yǒngshì fàntǒng.

知ったかぶりをすれば、一生穀つぶし。

【解説】
　"装懂"は「分かったふりをする」。"饭桶"は「飯びつ」の転義で、「穀つぶし、能なし」の意。分からないのに分かったふうをすれば、一生進歩が見られないことをいう。
　論語に「知るを知るとし、知らざるを知らずとなす、これ知るなり」（知之为知之，不知为不知，是知也）という教えにもとづくものか、知ったかぶりを戒める諺である。
　わが国にも「知ったかぶりの恥かき」とか「知ったかぶりして揚げ足とられ」という諺があり、また「聞くは一時の恥、聞かぬは一生の恥」ともいう。
　ドイツの諺では「一度道に迷うより二度聞いた方がましだ」というそうである。

【用例】
a：李伟这个人太爱面子，不懂的事也不问问，老是摆出一付内行

的架势来。
b：这种人没什么希望了，"不懂装懂，永世饭桶"，成不了大气候。
a：他可不是这么看的，还自以为前途远大呢！
b：这不正是他可怜的地方吗？

a：李偉(リーウェイ)という人はとても体面を気にして、分からないことを尋ねようとせず、いつも玄人ぶるんです。
b：こういう人は望みがない。「知ったかぶりをすれば、一生穀つぶし」で、大したものにはなれないね。
a：でも彼はそう思わないどころか、自分では前途有望と思っているんですよ。
b：それこそ彼が憐れなところじゃないですか。

【語注】
摆架势 bǎi jiàshi：気どる。格好をつける。　**内行** nèiháng：玄人。　**成不了气候** chéngbuliǎo qìhòu：ひとかどの人物になれない。大したものになれない。　**自以为** zì yǐwéi：自分では～と思い込んでいる。

10. 不见兔子不撒鹰

Bù jiàn tùzi bù sā yīng.

兎を見ぬうちは鷹を放たない。

【解説】
目標が定まらないうちは軽々に行動しない、機が熟さぬうちは着手しないという意味である。これはもともと仏典の『五灯会元』

から出た言葉で、わが国でも「兎を見て鷹を放つ」と言い慣わされて、事を見定めてから対策を立てても遅くないという意味で使われている。

　類似の諺に、"箭不出弦不放狗，兔子不露不撒鹰 jiàn bù chū xián bù fàng gǒu, tùzi bù lòu bù sā yīng"（矢が弦を離れなければ犬を放たない、兎が現われなければ鷹を放たない）とか、"不见鱼出水，不下钓鱼竿 diàoyúgān"（魚が顔を出さぬうちは釣竿を下ろさない）、"火候 huǒhou 不到不揭锅 jiē guō"（火加減が程よくならなければ鍋の蓋をとらない）などがある。

【用例】

a：今天刘良友提了两盒点心请大家吃，这家伙卖的是什么膏药呀？
b：我告诉你，最近要选科长了，他这是拉拢大伙儿投他一票。
a：我说的呢！他是"不见兔子不撒鹰"的人，平常一毛不拔。
b：这两盒点心也起不了什么用吧。

a：きょう劉良友は菓子折をぶら下げて来て皆に振る舞ったけど、あいつ何の宣伝に来たんだい。
b：いいかい、近いうちに科長選びがあるんだ。それは皆の機嫌をとって彼のため一票をということさ。
a：なるほど。彼は「兎を見ぬうちは鷹を放たない」人だ。平生はどけちだからね。
b：こんな菓子折何の役にも立たんだろう。

【語注】

卖膏药 mài gāoyào：いんちき宣伝する。聞こえのいいことを言って人を騙す。　**拉拢** lālǒng：取り込む。機嫌をとる。　**我说的呢**：道理で。なるほど。　**一毛不拔**：毛一本抜こうとしない。けちんぼう。　**起不了什么用**：何の役にも立たない。

11. 不怕慢，就怕站

Bù pà màn, jiù pà zhàn.

のろいのは怖くない、ただ怖いのは立ち止まること。

【解説】

"就"は"只"に同じ。何事をするにつけいくら遅くても構わないが、ただ怖いのは途中でやめてしまうことである。この句の後によく"站一站，二里半"（ちょっと止まっただけでも二里半の遅れ）と続く。語学を含めて習い事は特にそうである。日本の諺に「手習いは坂に車を押すごとし」とあるが、正に同じこと。習い事はすこしでも怠けると、ただ止まるだけでなく、元に戻ってしまうことを心配するものである。

似た諺に、"不怕练不成，就怕心不恒 héng"（練習の成果が挙がらぬのは仕方がないが、ただ根気がないのが心配だ）とか、"不怕事难干，只怕心不专 zhuān"（事が難しいのは仕方がないが、ただ専心できないのが心配だ）というのがある。

【用例】

a：老肖最近得到了广播函授大学全学科的毕业证书，是吗？
b：是啊，他坚持了近十年才毕的业。

a：老肖工作忙，家务事也不少，他是怎么坚持下来的呢？
b：他说"不怕慢，只怕站"，硬是把功课一门一门地都啃下来了。
a：真了不起！

a：蕭(シアオ)さんは最近放送通信大学全課程の卒業証書をもらったそうだけど。
b：そう。彼は十年近く頑張ってやっと卒業したんだ。
a：蕭さんは仕事は忙しく、家事も多かったのに、どうやって頑張り通したのかね。
b：彼は「のろいのは怖くない、ただ怖いのは立ち止まること」と言って、粘り強く学科を一科目一科目攻略していったんだ。
a：本当にえらいものだ。

【語注】
坚持下来 jiānchíxiàlai：頑張り続ける。　**硬是** yìngshi：断固として。粘り強く。　**啃下来** kěnxiàlai：囓り取る。こつこつものにする。　**了不起** liǎobuqǐ：えらい。大したものだ。

12. 差之毫厘，失之千里

Chā zhī háolí, shī zhī qiānlǐ.

小さな誤りでも、最後には大きな間違いとなる。

【解説】
"毫厘 háolí"は「ほんの僅かなこと」。初めはほんの僅かな誤差でも、最後には大変な誤りとなるという意味で、『史記』を出典とする諺である。後半句は"谬 miù 以千里"にも作る。日本

では「千里の謬りも毫釐の差より起こる」と言い習わされている。日本の俗諺では「右は京道左は伊勢道」が同趣旨のものである。

なお、似たような諺に「初めの一歩、末の千里」があるが、これは初めはごく僅かな一歩でも、歩き続ければ終には千里にもなる、即ち僅かな努力でも積み重ねれば大きな成果となるという意味で、中国の諺では"千里之行，起于足下"（千里の行も足下より起こる）が相当するだろう。

【用例】
a：公司的会计被开除了。
b：什么事那么严重？
a：她把数字写错了，公司赔了顾客一笔钱。其实，数额也不大。
b：这可是大事。数字上的事"差之毫厘，失之千里"。弄不好，公司都得倒闭了。
a：是吗？怪不得她被开除了。

a：会社の会計係が首になったんだ。
b：何事がそんなに重大なんだい。
a：彼女が数字を書き違えて会社が客に弁償したのさ。実はそれほど大きな額でもなかったんだが。
b：しかしそれは大事だ。数字の上の事は「小さな誤りでも、最後には大きな間違いとなる」のだ。処理を間違えたら会社も倒産だからね。
a：そうか。彼女が首になったのも無理ないな。

【語注】
　开除 kāichú：除名する。　**赔** péi **一笔钱**：なにがしかの金を弁償する。　**弄不好**：ちゃんと処理できない。　**倒闭** dǎobì：倒産する。

13. 常将有日思无日

Cháng jiāng yǒurì sī wúrì.

常々有る時に無い時を思え。

【解説】

"将～"は「～でもって」の意。余裕ある時に不時に備えよという戒めである。この句の後にはよく"莫待无时思有时 mò dài wúshí sī yǒushí"或は"莫到无时想有时"（無い時になって有る時を思うな）が続く。もっと分かりやすくは、"有钱常想无钱日，莫到无钱想有钱"（銭ある時は銭なき時を思え、銭なき時になって銭あるを思うな）という。

日本では普通「楽にいて苦を思え、苦にいて楽を思うな」という。

類似の諺には、"好天防阴天 fáng yīntiān，好年防荒年 huāngnián"（晴れた日には曇る日に備え、豊年には凶年の備えをせよ）とか、"饱时莫忘饥时难 bǎoshí mò wàng jīshí nán"（満腹の時にはひもじい時を忘れるな）というのがある。

【用例】

a：你有钱吗？借我点儿行吗？
b：我？你算是找对了人了！我发的薪早全花光了。
a：咱们俩怎么一样啊？我也是。
b：我妈老说我，动不动就说"常将有日思无日"啦、"吃不穷，穿不穷，算计不到就受穷"啦什么的。
a：我妈也一样，还说这样下去找不到媳妇儿呢！
b：看来咱们还真不能乱花钱了，找不到媳妇儿可是大事。

a：お金もってる？　少し貸してくれないか。

b：僕に？　いい人をさがしたもんだね。僕はもらった給料とっくに使い果してしまったよ。

a：僕らはどうして同じなんだ。僕もだよ。

b：おふくろはいつも僕に説教して、ともすればよく「有る時に無い時を思え」とか、「食っても着ても貧乏はしないが、考えが足りないと貧乏する」などと言う。

a：うちのおふくろも同じさ。その上このままだと嫁さんも見つからないと言うんだ。

b：どうやら本当に無駄遣いはできないぞ、嫁さんが見つからなければそれこそ一大事だからな。

【語注】

花光：使い尽す。　**动不动**：とかく、よく〜する。　**〜啦、〜啦什么的**：〜とか〜とか等々。　**算计 suànji**：算段する。あれこれ考える。この後半句は"人无算计一世穷"ともいう。

14. 城门失火，殃及池鱼

Chéngmén shīhuǒ, yāng jí chíyú.

城門が火事で、災いが池の魚に及ぶ。

【解説】

城門が火事になったので池の水で消し、汲み干してしまったために池の魚が死んだという故事から、思いもよらぬ災難にまきこ

まれること、そば杖を食うことをいう。"殃 yāng"は「災い・災難」。日本でも「池魚の災い」として知られている。

ところで、「そば杖を食う」とはどういうことか、国語辞典には、喧嘩のそばにいて、その杖で打たれること、転じて、争いのとばっちりを受けることとある。それならば俗諺にはもっとぴったりした句がある。"龙虎相斗，鱼虾遭殃 lónghǔ xiāngdòu, yúxiā zāo yāng"（龍と虎が闘えば、魚や蝦が災いに遭う）、強者同士争えば、弱い第三者が災いをこうむるというのである。

【用例】
a：银行一倒闭，存钱的人可倒霉了。
b：那可不是！辛辛苦苦挣来的钱眼看着就没了。
a：一点儿辙也没有了吗？
b：大概只能回来一些吧。"城门失火，殃及池鱼"。这是没办法的事。

a：銀行が倒産したら、預金者は全くバカを見るね。
b：その通りですよ。苦労して稼いだお金がみすみすなくなってしまうんだから。
a：全くどうしようもなくなってしまうの？
b：多分ほんの少し戻って来るだけだろう。「池魚の災い」というわけで、これはどうしようもない事さ。

【語注】
倒闭 dǎobì：倒産する。　**倒霉** dǎoméi：不運な目に遭う。バカを見る。　**可不是**：そうですとも。その通りだ。　**眼看着**：見ている間に。みすみす。　**辙** zhé：方法。手だて。

15. 吃亏时节便宜在

Chīkuī shíjié piányi zài.

損する時に、うまいことがある。

【解説】
"吃亏"は「損をする」、"便宜"は「利益、うまいこと」の意。損失を恐れているようでは大儲けはできないということである。類似の諺に、"小钱 xiǎoqián 不去，大钱不来"がある。日本の諺では、「損せぬ人に儲けなし」とか、「損は儲けの始め」などが相当するだろう。

ただ、この諺は商売に限ったことではない。一定の代価を払わなければ、大きな利益は得られない事を広く言うものである。この意味では、"小屈必有大伸 xiǎoqū bì yǒu dàshēn"（小さな我慢にはきっと大きな飛躍がある）に近いだろう。因みに、英国の諺に"Make concessions now for greater gains in the future."（将来のより大きな利得の為に今は譲歩せよ）という。

【用例】
a：在科里我最忙，真有点儿顶不住了。
b：怎么你也得顶住。我告诉你，"吃亏时节便宜在"。
a：你刚来时也这样？
b：当然了！不是这样，我能熬出来吗？

a：科の中では私が一番忙しく、全くどうも我慢できない。
b：どうしたって君はこらえなくちゃ。いいかい、「損する時に、うまいことがある」だよ。
a：貴方も来たばかりの時はこうでしたか。

b：勿論ですとも、そうでなかったら芽を出すことはなかっただろう。

【語注】

顶不住 dǐngbuzhù：こらえきれない、我慢できない。　**熬出来** áochūlai：（辛抱して）楽になる、芽が出る。

16. 吃人口短，拿人手短

Chī rén kǒuduǎn, ná rén shǒuduǎn.

ご馳走になれば言いたいことも言えず、贈物を受ければつい手加減し易くなる。

【解説】

"口短 kǒuduǎn"は「堂々とものが言えない」、"手短 shǒuduǎn"は「公平に対処できない」の意。人からおごってもらったり、金品をもらったりすると、言いたいことも言えず、公平に対処することもできないことをいったものである。"吃人家的嘴软 zuǐruǎn，拿人家的手短"、"食人者嘴软，受人者手软"などともいう。

やや趣旨は異なるが、似通った諺に、"吃人半碗，由人使唤 chī rén bànwǎn, yóu rén shǐhuàn"（人の家の飯を半碗食べたら、人に使われる）とか、"端谁的碗，受谁管 duān shuí de wǎn, shòu shuí guǎn"（誰かの家の飯碗を手にしたら、その人におさえられる）などがある。

【用例】

a：小王怎么升得那么快呢？

b：你不知道么？他可没少给主任上供。
a：小王的口碑不大好，主任就这么愣是提升，不怕别人有意见？
b："吃人口短，拿人手短"。他不这样做也不成啊。

a：小王(シアオワン)はどうして昇進があんなに早いのか。
b：知らないのか。彼はしょっちゅう主任に贈物をしているんだ。
a：小王の評判はあまり良くない。主任はこんな強引に昇進させて、皆が不満もっても平気なのかね。
b：「ご馳走になれば言いたいことも言えず、贈物を受ければつい手加減し易くなる」で、そうしなければならないのさ。

【語注】
升 shēng：昇進する。**没少**：しょっちゅう～する。**上供** shànggòng：贈物する。 **口碑** kǒubēi：評判。 **愣是** lèngshi：強引に。平気で。

17. 吃一堑，长一智

Chī yī qiàn, zhǎng yī zhì.

一度つまずけば、それだけ賢くなる。

【解説】
"堑 qiàn"とは塹壕(ざんごう)(防御用の堀)、転じて挫折のこと。"长 zhǎng"は「増える」。一度挫折すれば、それだけ知恵や見識が増えるの意で、「失敗は成功の基」に当る諺である。この外に、"吃一次亏 kuī, 长一次见识 jiànshi"（一度損をすると、それだけ見識が増える）とか、"上一回当 dàng, 学一回乖 guāi"（一度騙さ

— 24 —

れると、それだけ利口になる）などのようにいう。また、現代的表現としては"失败是成功之母"も使われている。恐らく英語の"Failure teaches success."（失敗が成功を教える）が直接間接に入ったものであろう。

なお、同じ趣旨を反面からいったものに、"不经一事，不长一智"（一つの事を経験しなければ、それだけ知識が増えない）がある。

【用例】
a：我的自行车丢了。
b：不是前些日子刚买的吗？怎么丢的？
a：忘了锁了。
b："吃一堑，长一智"。以后你再也忘不了锁车了。
a：那倒是。

a：僕の自転車がなくなった。
b：この間買ったばかりじゃないか。どうしてなくなったんだ。
a：鍵をかけるのを忘れたんだ。
b：「一度つまずけばそれだけ賢くなる」さ。これからはもう二度と鍵をかけるのを忘れまい。
a：それはそうだ。

【語注】
前些日子：数日前。この間。　**锁** suǒ：鍵をかける。　**再也忘不了** wàngbuliǎo：二度と忘れるはずがない。

18. 初生牛犊不怕虎

Chūshēng niúdú bù pà hǔ.

生まれたばかりの子牛は虎を恐れない。

【解説】

"犊 dú" は「子牛」のこと。世間の経験に乏しく物事を知らぬ若者は怖いものなしで大胆であることの喩え。この後によく"长出犄角倒怕狼 zhǎngchū jījiao dào pà láng"（角が生えてくると狼を恐れる）と続く。"初生之犊不怕虎"とも"乳犊 rǔdú 不畏 wèi 虎"ともいう。日本の諺では、「盲蛇に怖じず」が相当しよう。

因みに、経験不足の若者についていう諺には、"初生牛犊十八跌 diē"（生まれたばかりの子牛は十八回も転ぶ）とか、"嘴上无毛，办事不牢 zuǐshang wú máo, bànshì bù láo"（口元に髭(ひげ)のない者は仕事が堅実でない）などがある。

【用例】

a：公司考虑接一件设计软件的活，老人都往后捎，谁都不说话，年青的倒挺踊跃，把活给揽下来了。
b：他们不大明白这件活是怎么回事吧？
a：这倒不是，他们是"初生牛犊不怕虎"，正想锻炼锻炼呢。
b：这倒是好机会。不过，可千万别砸锅。

a：会社ではソフト設計の仕事を一件受けようと考えているんだが、年寄りはみな尻ごみして、誰も口をきかないが、若者はしかし大変喜び勇んで、仕事を引き受けてしまったんだ。
b：彼らはその仕事がどんなものかよく分かっていないんじゃないか。

a：それがちがうんだ。彼らは「生まれたばかりの子牛は虎を恐れない」で、ちょうどスキルアップしようとしているんだ。
b：それはむしろいいチャンスだ。でも決して失敗は許されないぞ。

【語注】
往后捎 shào：尻ごみする。"捎"は「(馬などが) 後ずさりする」こと。 **给揽** lǎn **下来了**：引き受けてしまった。"给"は「〜してしまう」の意。 **锻炼** duànliàn：腕をみがく。スキルアップする。 **砸锅** záguō：やり損なう。失敗する。

19. 出头的椽子先烂

Chū tóu de chuánzi xiān làn.

先の出た垂木(たるき)は先に腐る。

【解説】
"椽子 chuánzi"とは「(棟から軒に渡した) たるき」のこと。頭角をあらわしたり、突出したりする者はとかく他から憎まれ足を引っぱられやすいということの喩えである。わが国の諺「出る杭(くい)は打たれる」に相当する。

類似の諺に"枪打出头鸟 qiāng dǎ chū tóu niǎo"(鉄砲は頭を出した鳥を撃つ)、"出林笋子先折断 chū lín sǔnzi xiān zhéduàn"(林から出た竹の子は先に折られる)、"树大招风，官大招祸 shù dà zhāo fēng, guān dà zhāo huò"(木が大きければ風当たりが強く、地位が高ければ災いを招く) などがある。

なお、『徒然草』には「誉(ほま)れは毀(そし)りの基(もとい)」という格言が見えるが、

英語にも "Envy is the companion of honour."（嫉妬は名声の伴侶）というのがある。

【用例】
a：你听说了吗？运动员得了奖，什么事都找来了。
b：是呀，到哪儿都有记者追着，简直没法练习了。
a："出头的椽子先烂"，出名也有不利的地方。
b：是这个道理。

a：君、聞いたかい？ スポーツ選手は賞を取ると、何事につけ訪問を受けるんだ。
b：そうだよ。どこへ行くのにも記者が追っかけて、全く練習できなくなっちゃう。
a：「出る杭は打たれる」で、有名になるのも有難くないことがあるんだ。
b：そういうことさ。

【語注】
得奖 dé jiǎng：賞を取る。 **找** zhǎo：訪ねる。 **追着** zhuīzhe：追いかけている。 **简直** jiǎnzhí：全く。 **出名** chūmíng：有名になる。

20. 船到江心补漏迟

Chuán dào jiāngxīn bǔlòu chí.

船が川中に出てから水漏れを塞いでも遅い。

【解説】

この句の前にはよく"临崖立马收缰绳 lín yá lì mǎ shōu jiāngsheng"（がけに臨んで馬を止め手綱を引き締めても遅い）が対句となる。事前に用心せず、事が起こってから慌てて対処しようとしてももう遅い、「後の祭り」だというのである。

この他に"临阵磨枪，赶不上了 lín zhèn mó qiāng, gǎnbushàng le"（戦いに臨んで槍をといではもう間に合わない）、"过了黄梅买蓑衣 huángméi mǎi suōyī"（梅雨が過ぎてから蓑を買う）などがあるが、「盗人を見て縄をなう」や「十日の菊六日のあやめ」などに近いであろう。

なお、西洋には「馬が盗まれてから厩（うまや）を直す」が手遅れの意味で使われるが、中国の"亡羊补牢 wáng yáng bǔ láo"（羊を失してから檻（おり）を繕（つくろ）う）は、この後に"犹未为晚 yóu wèi wéi wǎn"（なお未だ遅しとはせず＝まだ遅くはない）と続くように、失敗してもすぐ補えばそれ以上の損失はせずに済むという意味なので注意を要する。

【用例】

a：老黄死于肺气肿了，知道了吗？
b：知道了，听说最后喘不过气来，死得挺惨的。
a：他抽烟抽得太凶了，知道得了肺癌才开始戒烟，那不是来不及了吗？
b：可不是！"船到江心补漏迟"，那还有什么用！

a：老黄が肺気腫で死んだの知っているかい？
b：知ってる。最後は咳込んで息ができず、大変痛ましい死に方だったそうだね。
a：彼はタバコの吸い方が激しくて、肺ガンだと分かってから禁煙したそうだが、もう間に合わないじゃないか。
b：その通り。「船が川中に出てから水漏れを塞いでも遅い」で、何の役にも立たんよ。

【語注】

喘 chuǎn **不过气来**：咳込んで息ができない。　**抽得太凶** xiōng **了**：タバコの吸い方がひどい。　**戒烟** jièyān：タバコをやめる。

21. 船到桥门自然直

Chuán dào qiáomén zìrán zhí.

船は橋のたもとまで来ると自然に真っ直ぐになる。

【解説】

流れに押されて斜めになって進んでいた船も橋のたもとまで来ると自然に真っ直ぐになって橋の下を無事通れるということで、難航していた事もいざという時になれば何とか乗り切れるものだ

という喩えである。日本の諺では「案ずるより生むが易し」が相当するだろう。"桥门"は"桥头"とも"桥下"ともいわれる。また、この句の前にはよく"车到山前必有路"(車が山の前まで来ればきっと道がある)が対になって使われる。

類似の諺としては"水到滩头 tāntóu 自有沟 gōu"(水が砂州に流れてくると自然と溝ができる)があり、これは四字成語"水到渠 qú 成"(水至りて渠成る)と同じ意味で、条件が熟すれば事は自然に成ることをいっている。

【用例】
a：咱们的店连着三个月都是赤字，再这样下去，除了关门，没有别的路了。
b：你别那么悲观好不好？"船到桥门自然直"，总会有办法的。
a：你倒是挺乐观的，具体的怎么办呢？
b：我去想法推销，你去联系货源，进点儿好货，不就缓过来了吗？
a：进货归我，推销可就看你的了，怎么样？
b：行，没问题！

a：うちの店は三ヵ月連続の赤字で、このままでは閉店するしか他に道はない。
b：そう悲観的になるなよ。「案ずるより生むが易し」さ、きっと方法はある。
a：君はまた随分楽観的だね。具体的にはどうするんだい。
b：僕は何とか販路を拡張する、君は仕入れ先と連絡をとって良い品物を入れてくれ、そうすれば回復できるんじゃないか。
a：仕入れは僕に任せてくれ、販売は君次第だ、どうだい？
b：よし、大丈夫だ。

【語注】

〜下去：事態が続いていくことを表わす。　**总会〜**：どうであろうときっと〜するはずだ。　**推销** tuīxiāo：販路を広める。売りさばく。　**进货** jìnhuò：商品を仕入れる。　**缓** huǎn **过来**：息を吹き返す。回復する。　**归** guī **〜**：〜の責任に属する。〜に任せる。　**看**：〜による。〜次第である。

22. 聪明反被聪明误

Cōngming fǎn bèi cōngming wù.

聡明はかえって聡明のために誤る。

【解説】

賢い人がかえってその賢さゆえに失敗することがあるということで、四字成語では"聪明自误"という。日本の諺では「策士策におぼれる」「才子才に倒れる」とか、「才知は身の仇」といって、才知に頼り過ぎると身を滅ぼすもとになると戒めている。

賢さをひけらかすわけではないのに人から頼りにされ過ぎて閉口することがままあるが、中国語ではこれを"**聪明反受聪明苦，痴呆** chīdāi **却享** xiǎng **痴呆福**"（利口はかえって利口に苦しみ、愚かはかえって愚かで得する）という。なお、「器用貧乏」は"**百能百巧老受穷** bǎi néng bǎi qiǎo lǎo shòu qióng"という。

【用例】

a：这次考试我考砸了。
b：你不是复习了吗？
a：复习倒是复习了，可我是猜着老师要考的部分复习的。结果，

我猜错了，考的都是我没复习到的。
b：你可真是"聪明反被聪明误"了。

a：今回の試験は失敗したよ。
b：復習していたじゃないか。
a：復習したことはしたんだが、僕は先生が試験に出しそうなところだけ復習したんだ。結果は当てがはずれて、試験に出たところは復習していないところだったんだ。
b：それは本当に「策士策におぼれる」だね。

【語注】
　砸 zá：やり損なう。しくじる。　**～倒是～，可是**：～したことは～したのだが。　**猜着** cāizhe：推測して。見当をつけて。

23. 聪明一世，胡涂一时

　　Cōngming yīshì, hútu yīshí.

　　一世の賢人も時にはバカな事をすることがある。

【解説】
　一時代に名の知れた賢人でも時として愚かしい事をすることもあるということで、「智者にも千慮の一失」とか「弘法にも筆の誤り」「釈迦にも経の読み違い」などと同意である。平たく言えば「猿も木から落ちる」「河童の川流れ」である。
　西洋では「ホーマーも時にはしくじる」のほかに「どんなによい馬でもつまずくことがある」が広く使われている。アラブには「どんな名馬もつまずき、どんな賢者も過ちを犯す」という諺が

あるそうである。

　ところで「猿も木から落ちる」は本来日本のものであろうか。韓国でも常用の諺である。中国漢代の書『説苑』に"猿猴 yuánhóu 失木擒 qín 于狐貉 húhé"（猿が木から落ちて狐に捕まる）とあるのに関係がないか。

【用例】

a：人家都说王海精明过人，绝对不会吃亏。但前些日子可倒了大霉。
b：他怎么了？
a：他找了位漂亮得像明星似的女朋友，说是要和他结婚。结果，把他的钱都花得差不多了，又跟他吹了。
b：哎呀，这不是"聪明一世，胡涂一时"吗？
a：难说，干出这种事的人，还能说是聪明吗？

a：人はみな王海(ワンハイ)はずば抜けて聡明で、絶対損をするようなことはないというが、この間は大バカな目を見たんだ。
b：どうしたのかね。
a：彼はスターのように奇麗な女友達を見つけて、彼と結婚したいということだったんだが、結末は彼の金をほとんど使い果たしたうえ、彼と別れてしまったんだ。
b：おやおや、それは「一世の賢人も時にはバカな事をすることがある」じゃないか。
a：何とも言えないね。そんな事をしでかす者が聡明だと言えるかね。

【語注】

精明过人：ずば抜けて聡明である。　**倒了大霉** dǎole dàméi：と

んだ不運に遭う。 **吹** chuī：だめになる。もの別れになる。

24. 打人别打脸

Dǎ rén bié dǎ liǎn.

人を打つにも顔は打つな。

【解説】

"别"は"休"ともいい「～するな」の意。"面子 miànzi"（メンツ）を極めて重んずる中国人に対しては顔面を叩くことは勿論禁物であるし、この諺で"打脸"というのは実はメンツをつぶすということを象徴的に言ったものである。この句の後にはよく"骂人休揭短 mà rén xiū jiē duǎn"（人を罵るに弱点をあばくな）が対となって使われる。相手の弱点をあからさまに言ってメンツを丸潰しにしてはならないというのである。

同じような諺に"打人莫打膝 mò dǎ xī，道人莫道实"（人を打つに膝を打つな、人のことを言うにも本当のことを言うな）とか"宁 nìng 吃过头饭，莫说过头话"（飯は食い過ぎても言葉は言い過ぎてはいけない）などがある。

【用例】

a：杨玲怎么哭了，柳芳说她什么了？
b：柳芳揭她短处，说她以前偷过东西。
a：小柳可真不像话，这次错了就说这次的错，提人家过去的短处干什么呢？
b：就是，"打人别打脸"，不给人留点面子，有点儿缺德！

a：楊玲(ヤンリン)はどうして泣いたの。柳芳(リュウファン)が何か言ったんでしょう？

b：柳芳が彼女の弱点をあばいて、彼女は以前に盗みをしたことがあると言ったのよ。

a：小柳(シアオリュウ)は全くいけないわ。今回過ちをしたら今回のことに限って、どうして過去の欠点を持ち出すんでしょう？

b：そうよ。「人を打っても顔は打つな」だわ。ちっともメンツを考えてやらないなんて、すこし不人情よ！

【語注】

揭短处 jiē duǎnchù：弱点をあばきたてる。　**不像话** bùxiànghuà：（言葉・行為が）常軌を逸している。全くひどい。　**有点儿缺德** quēdé：すこし不人情だ。いやらしい。

25. 大水冲不了龙王庙

Dàshuǐ chōngbuliǎo Lóngwángmiào.

大水は竜王廟を押し流すことはできない。

【解説】

"龙王 Lóngwáng"（竜王）は水神であるから大水でも竜王廟を押し流すようなことはできないという意味で、身内同士は互いにかばいあうものだということを言っているのである。

よく用いられている歇後語というしゃれ言葉に"大水冲了龙王庙——一家人不认得 rènde 一家人"（大水が竜王廟を押し流した——身内が身内を認めない）というのがあるが、それは仲間をかばうことをしない者を非難するもので、この諺の意を踏まえたものである。

身内を引き立て助けることを言った諺には"一人做官，福及三代"、"一人得道，鸡犬 jīquǎn 升天"（一人が仙道を得れば鶏犬も天に昇れる＝一人が出世すれば一族郎党まで高官に就く）など少なくない。

【用例】

a：公司要裁减人，你看我有点儿玄吧？
b：我看你没问题。第一你的工作没出过错儿，第二你是经理的心腹，他离不开你。"大水冲不了龙王庙"，你放心吧。
a：有你这几句话，我就安心了。

a：会社ではリストラをするようだが、僕はすこし危ないんじゃないかな？
b：君は心配ないと思うよ。第一に君は仕事で間違いをしたことはないし、第二に君はマネージャーの腹心だし、彼は君を離せないよ。「大水は竜王廟を押し流すことはできない」さ、安心したまえ。
a：君がそう言ってくれて、僕はホッとしたよ。

【語注】

冲不了 chōngbuliǎo：押し流せない。　**裁减人** cáijiǎn rén：人員整理をする。リストラする。　**玄** xuán：危ない。"悬"と書くこともある。　**离不开** líbukāi：離れられない。手放せない。

26. 当局者迷，旁观者清

Dāngjúzhě mí, pángguānzhě qīng.

当事者は迷い、局外者ははっきりしている。

【解説】

"当局者"とは碁を打つ人をいう。囲碁を傍らで観戦している人は実際に打っている人よりも局面がよく見えているという意味で、何事によらず局外者の方が当事者よりもかえって物事の真相がはっきり分かることを言っている。"当局者迷"は"当事者迷"ともいい、"旁观者清"は"旁观者审"（"审 shěn"は「よく知る、分かる」の意）とも言う。

この諺は正にわが国の諺「岡目八目」（傍らで碁を観戦している人は八目も先を読んでいる）に当る。

英語でも "On-lookers see more than the players." （傍観者は対戦者よりもよく見える）といい、ドイツでも「勝負事は見ているほうが上手」という諺があるそうである。

【用例】

a：你看出来了吗？
b：什么呀？
a：小王不喜欢小何。
b：这是谁都知道的事，我当然看出来了。
a：那为什么小何还使劲地追她呢？
b：这就叫"当局者迷，旁观者清"嘛！

a：見て分かったかい？
b：何がさ。

a：小王は小何が好きじゃないんだよ。
b：それは誰でも知っていることだ。ぼくも勿論分かるさ。
a：じゃどうして小何はまだ一生懸命彼女を追っかけているのかね？
b：それはほれ「岡目八目」というじゃないか。

【語注】
使劲地 shǐjìnrde：力を尽くして。一生懸命に。

27. 当一天和尚撞一天钟

Dāng yìtiān héshang zhuàng yìtiān zhōng.

一日和尚になったら、一日鐘を撞く

【解説】

いつまで続くか寺の住職をしている間はお勤めとして鐘を撞くということで、事に当って何の計画性もなく、その日その場限りのことをしてお茶を濁す態度をいう。"当"は"做"と言っても同じである。

いわば「その日暮しをする」ということであるが、この意味の諺や成語に、"过一天，算一天"（何とか一日過ごせばそれを一日と数える）、"得 dé 过且 qiě 过"（何とか過ごせれば暫くそのように過ごす）とか、"一日打柴 chái 一日烧 shāo"（一日薪を切ってその日に焚く）などがある。同じく「その日暮し」でも"今朝 jīnzhāo 有酒今朝醉 zuì"は優雅な趣があるし、食うや食わずという意味なら"吃了上顿 shàngdùn 没下顿"（三度の食事に事欠く）という。

【用例】

a：老王过些日子就要退休了，现在什么也不管，好像就等着走人了似的。

b：本来他就是"当一天和尚撞一天钟"的人，现在没几天钟可撞了，他更不管事了。

a：他在家里也这样吗？

b：差不多，也是跟住旅馆似的，什么都不管。

a：他爱人可够呛的吧？

b：可不是！

a：老王(ラオワン)は間もなく定年退職だが、今は何も構わず、ただサヨナラするのを待っているだけみたいだ。

b：もともと彼は「一日和尚になったら一日鐘を撞く」というような人で、いまはもう鐘を撞く日もいくらもなくなって、なおさら仕事をしなくなっているんだよ。

a：彼は家でもこうなのか。

b：まあそんなところだ。やはり宿屋に泊まっているみたいで、何も構わないんだ。

a：奥さんは本当に大変だろうね。

b：全くさ。

【語注】

过些日子：何日かすると。間もなく。　**就等着**：ただ待っているだけ。　**走人**："走开"（立ち去る）、"离去"（離れて行く）の意の俗語。　**够呛** gòuqiàng：たまらない。大変だ。

28. 到什么山唱什么歌

Dào shénme shān chàng shénme gē.

どこの山に行っても、その山の歌を唄え。

【解説】

その場の実際状況に応じた方法で事を行えということである。同類の諺に"到什么时候说什么话"(時に応じて話を選べ)とか、"到什么火候 huǒhou 使什么锤 chuí"(火加減に応じて金づちを使え)、さらには"上山打柴，过河脱鞋 shàng shān dǎ chái, guò hé tuō xié"(山に登ったら柴を刈り、川を渡るには靴を脱げ)などがある。いずれも"见机行事 jiàn jī xíng shì"(臨機応変に事を行う)ことを言ったものである。わが国の諺に「所に似せて絵をかく」というのがあるが、本項の諺に相当するであろうか。

なお、似通った諺に"入乡随乡 rù xiāng suí xiāng"があるが、これは「郷に入れば郷に従え」で、移り住んだ所の風俗・習慣に従うのがよいということである。

【用例】

a：我这次出国要三个月。
b：这不是好事吗？
a：可是我怕吃不惯外国的饭。
b："到什么山唱什么歌"。你就不能将就着点儿吗？多吃几次就惯了。

a：今回の外国出張は三ヵ月かかる。
b：それはいい事じゃないですか。
a：でも僕は外国の飯は食べ慣れないのではと心配だ。

b:「どこの山に行ってもその山の歌を唄え」だ。すこし辛抱できないかね。たくさん食べればすぐ慣れるさ。

【語注】
吃不慣 chībuguàn：食べ慣れない。　**将就着** jiāngjiuzhe：我慢する。辛抱する。

29. 得了屋子想要炕

Déle wūzi xiǎng yào kàng.

部屋を得ると炕（カン）が欲しくなる。

【解説】
"炕"（カン）すなわちオンドルは一種の床下暖房。住む部屋が見つかると今度は暖房が欲しくなるとは、人の欲望は次から次へときりがないことを喩えたものである。

類似の諺には"得一望十，得十望百"とか"吃着碗里，望着锅 guō 里"（碗の中のものを食べながら鍋の中に目をやる）などがあり、四字成語には"得陇望蜀 dé Lǒng wàng Shǔ"（隴を得て蜀を望む）とか"得寸进尺 dé cùn jìn chǐ"（一寸得ると一尺取ろうとする）などがある。因みに英語では"Give him an inch and he will take a yard."（1 インチ与えると 1 ヤード取ろうとする）と言うそうだが、"得寸进尺"とよく似ていて面白い。

【用例】
a：我费了好大的劲儿，托人把老金调到会计部当主任，他还不满意，老是嘟嘟囔囔地说我坏话。

b：你再也别理他了。这个人难缠是有名的，而且只想得到，不想付出，太贪心。老话说"得了屋子想要炕"，他就是个例子。
a：是啊，我明明是帮了他的忙，他怎么还老不满呢！
b：你就当个教训吧。

a：たいへん骨を折って、人に頼んで老金(ラオチン)を会計部の主任に異動させてもらったのに、彼は不満で、いつもぶつぶつ私の悪口を言っている。
b：相手にしなさんな。彼の始末が悪いのは有名だ。しかもテイクばかりでギブを知らない欲張りだ。諺に「部屋を得ると炕が欲しくなる」と言うけれど、彼は正にその例だ。
a：そうだ。ちゃんと助けてあげたのに、どうしていつまでも不満なんだろう。
b：それも経験とすればいいさ。

【語注】
费劲儿 fèijìnr：骨を折る。苦労する。　**调** diào：転任する。　**嘟嘟囔囔地** dūdunāngnāngde：（小言を）ぶつぶつと。　**理**：相手にする。構う。　**难缠** nánchán：手に負えない。始末が悪い。　**当个教训** dāng ge jiàoxùn：教訓・（失敗の）経験とする。

30. 得饶人处且饶人

Dé ráo rén chù qiě ráo rén.

人を許せる時はひとまず許せ。

【解説】

"饶 ráo"は「許す、勘弁する」、"处 chù"は「(…の)時」、"且 qiě"は「とりあえず、ひとまず」の意。たとえこちらに理がある場合でも、相手をとことん追い詰めることはせず、譲れるところは譲ってやれという意味である。この句の前にはよく"得放手 fàngshǒu 时须 xū 放手"(手を緩められる時は緩めるべきだ)が付く。また"得忍 rěn 且忍，得耐 nài 且耐"(我慢できる時は我慢せよ)ともいう。

日本の諺では「ならぬ堪忍するが堪忍」あたりがやや近いであろうか。

なお、中国人との交際においては、相手をとことん追い詰めず、いささかの余地を残しておくことが肝要である。"事莫做绝，话莫说尽 shì mò zuòjué, huà mò shuōjìn"(事はとことんやるな、話は言い尽くすな)という諺がある。

【用例】

a：小柳业务上出了点事，你看小王怎么那么高兴呀？整个一个穷追猛打，非得置小柳于死地而后快。
b：我说也是。谁没有走麦城的时候？他就能老是过五关斩六将吗？
a："得饶人处且饶人"，别把事做得太绝。
b：是呀，谁都这么想。

a：小柳が仕事でちょっとミスを犯したら、ほら小王はどうしてあんなに喜んでいるんだい。正に猛攻撃を仕掛けて、小柳を死地に追い込まなければ気が済まないというのか。

b：そうだろう。誰だって苦戦を強いられることはある。そういつもいつも手柄を立てることはできないさ。

a：「人を許せる時はひとまず許せ」だ、とことん追い詰めてはいけない。

b：そうだ、誰でもみなそう考えるよ。

【語注】

出事 chūshì：事故を起こす。 **整个一个** zhěnggè yíge：全く。正に。 **非得** fēiděi **…而后快**：…しなければ気分がよくない。 **置** zhì **～于死地** yú sǐdì：～を死に追い込む。 **走麦城** zǒu Mài chéng：戦で敗走することをいう。(『三国志』で麦城を脱出した関羽らが一網打尽となったことを踏まえている)。**过五关斩六将** guò wǔguān zhǎn liùjiàng：(関羽の故事から) 数々の手柄を立てることをいう。 **做绝** zuòjué：徹底的にやる。

31. 儿孙自有儿孙福

Érsūn zì yǒu érsūn fú.

児孫には自ずと児孫の福がある。

【解説】

子や孫たちには自ずと自分たちの幸福があるということで、この句の後には "莫为儿孙作马牛 mò wèi érsūn zuò mǎniú"（子や孫のために牛馬のようになって尽くしてやることはない）が続く。

"作马牛"は"作远忧 zuò yuǎnyōu"（将来の心配をしてやる）ともいう。わが国では「児孫のために美田を買わず」という西郷隆盛の詩中の一句が広く人口に膾炙している。

ところで、中国の親は概して子供に孝養を求める気持が強い。"养儿备老 yǎng ér bèi lǎo"とか"养小防老 yǎng xiǎo fáng lǎo"という成語があるが、共に「子供を育てるのは老後のため」という意味である。また、"我养你牙长 yá zhǎng，你养我牙落 luò"（わしはお前の歯が伸びるまで養育するがお前はわしの歯が抜けるまで扶養せよ）という諺もある。

【用例】

a：老王为孩子奋斗了一辈子，现在又张罗着孙子的教育呢。
b：好容易退休了，也该歇歇了。
a：他说他就是为儿孙忙的命。
b：什么命不命的。"儿孙自有儿孙福"。隔壁老李从来不管孩子的事，他孩子现在自己开公司，搞得红红火火的，可有出息了。

a：老王(ラオワン)は子供のために一生頑張って、今また孫の教育の世話をしている。
b：ようやっと定年になったのだから休むべきですよ。
a：彼は自分は子や孫のために忙しく働く運命なんだと言っている。
b：何が運命だなんて。「児孫には自ずと児孫の福がある」ですよ。隣の老李(ラオリー)はこれまで子供の事をかまったことがないが、あそこの子は今自分で会社を始めて、えらい景気だ。ほんとに出世したもんだ。

【語注】

奋斗一辈子 fèndòu yíbèizi：一生頑張る。 **张罗** zhāngluo：世話をする。 **好容易** hǎoróngyì：やっと。 **退休** tuìxiū：定年退職する。 **隔壁** gébì：隣り。 **从来不～** cónglái bù：これまで～したことがない。 **搞得红红火火的** gǎode hónghonghuǒhuǒ de：たいへん盛んにやっている。 **可有出息** chūxi **了**：ほんとに出世したものだ。

32. 二虎相争必有一伤

Èr hǔ xiāng zhēng bì yǒu yī shāng.

二虎争えば必ず一方は傷つく。

【解説】

力の拮抗した二人の勇者が争い闘えば必ずどちらか一方が倒れるということで、日本では普通「両雄並び立たず」と言い習わされている。もとは『史記』にある"两虎相斗，其势不俱生"（両虎相闘えば其の勢い俱に生きず）から出た諺である。

また"一山不容 róng 二虎"（一山に二虎を容れず）とか"一山不能有二虎"とも言い、動物を替えて、"二马不同槽 èr mǎ bù tóng cáo"（二頭の馬は飼い葉桶を同じくしない）とか"一个槽上不能拴 shuān 俩叫驴 liǎ jiàolǘ"（同じ飼い葉桶に二頭の雄ロバをつなげておけない）とか"一个桩 zhuāng 上不能扣 kòu 两条牛"（一本の杭に二頭の牛を留めてはおけない）などと言う。

【用例】

a：祝家安和田小宝最近不和，把王经理给急坏了。
b：为什么？

a：他们俩是经理的左膀右臂，"二虎相争必有一伤"，可经理谁也离不开。

b：那，这得看王经理调解的本事怎么样了。

a：祝家安(チュウチアアン)と田小宝(ティエンシアオパオ)は近頃不仲で、王(ワン)マネージャーをひどく心配させている。

b：なぜだね？

a：あの二人は共にマネージャーの片腕で、「両雄並び立たず」というわけだが、マネージャーはどちらも手放せないんだ。

b：じゃ、これは王マネージャーの調停能力次第だな。

【語注】

急坏 jíhuài：たいへんやきもきする。心配する。　**左膀右臂** zuǒ bǎng yòu bì：片腕。有能な部下。　**离不开** líbukāi：離れられない。手放せない。　**得看～的本事怎么样**：～の腕前如何を見なければならない。～の腕前如何によって決まる。　**调解的本事** tiǎojiě de běnshi：仲裁の技倆。調停能力。

33. 放下屠刀，立地成佛

Fàngxia túdāo, lìdì chéng fó.

屠刀を捨てれば立ち所に成仏する。

【解説】

"屠刀"は「屠殺用の刀。凶刃」、"立地"は「その場で。即座に」の意。悪人も悔い改めさえすれば立ち所に善人に立ち返えることができるということで、もとは仏教用語である。"丢下屠刀念菩

萨 diūxia túdāo niàn púsa"（屠刀を捨てて念仏を唱える）とも言う。

類似のものに"**苦海无边，回头是岸** kǔhǎi wúbiān, huítóu shì àn"（苦海は果てしないが、改心しさえすれば救われる）とか、"**强盗** qiángdào **收心做好人**"（強盗が改心して真人間になる）などがある。ただし、"**强盗修行** xiūxíng **贼** zéi **念佛**"（強盗が修行し泥棒が念仏を唱える）と言えば、悪人が善人を装う喩えであるから注意を要する。

【用例】

a：赵金龙欺行霸市，又进公安局了，听说了吧？
b：听说了，他爸他妈都急死了，到处求人呢！
a：那家伙可算是坏到家了，无法无天，我不信他能改好了。
b：是呀，他要是改好了，那可就应了"放下屠刀，立地成佛"这句话了。

a：趙金龍(チャオチンロン)が横暴な商取引きで、また警察入りしたこと聞いただろう？
b：聞いたよ。親爺さんもお袋さんも慌てて方々人に頼み込んでいるよ。
a：あいつ悪ぶりも堂に入ったものだ。無法の限りを尽くして、彼が立ち直れるなんて信じないね。
b：そうだ。彼がもし改心したら、それこそ「屠刀を捨てれば立ち所に成仏する」という諺がその通りになってしまうよ。

【語注】

欺行霸市 qī háng bà shì：同業者を痛めつけ市場を独占する。横暴な商業行為。　**那家伙** nà jiāhuo：あの野郎。あいつ。　**算是** suànshì：どうやら〜である。　**〜到家** dàojiā：〜の至りである。こ

の上なく〜だ。　**无法无天**：無法非道である。

34. 各人自扫门前雪，不管他人瓦上霜

Gèrén zì sǎo ménqián xuě, bù guǎn tārén wǎshang shuāng.

各人自分の門前の雪を掃き、他人の瓦の霜はかまわない。

【解説】

この諺については、①自分のことのみ考えて他人のことを考えない利己主義をいうもの、②他人の世話をやく前に自分の頭の蠅を追えという訓戒とするものの二通りの解釈がある。後に示す用例は前者によったものであり、"各人看着自己的灶火门 zàohuǒmén"（各人自分のかまどの口だけ見ている）と同じである。後者の場合、後の句の"不管"は"莫管 mòguǎn""休管 xiūguǎn"（共に「かまうな」の意）とすることが多い。日本の諺では「己れの頭の蠅を追え」とか、「人の事より足元の豆を拾え」「めいめい自分のはなをかめ」などという。英語では"Sweep before your own door."（自分の家の前を掃け）という。

【用例】

a：现在的人们，邻里之间互不来往，关系越来越淡了。
b：就是。用句老话说就是"各人自扫门前雪，不管他人瓦上霜"。
a：可这究竟是不大好，我不喜欢这样。
b：如果每个人都做起来的话，那么，才能够有些改善。
a：我想也是。

a：今の人たちは隣近所の付き合いをせず、関係はますます薄くなりましたね。
b：ほんとに。諺で言えば正に「各人自分の門前の雪を掃き、他人の瓦の霜はかまわない」ですよ。
a：しかしこれは所詮よくないことだし、私は好みませんね。
b：もし各人がその気になりさえすれば少しは改善できるでしょう。
a：私もそう思います。

【語注】
邻里 línlǐ 之间：隣近所同士。　**越来越淡 dàn**：ますます稀薄になる。　**究竟 jiūjìng**：所詮。何といっても。　**如果A的话，那么B**：もしもAならば、そしたらBである。　**做起来**：行動する。その気になる。

35. 狗急跳墙

Gǒu jí tiào qiáng.

犬も焦ると塀を飛び越える。

【解説】
"急 jí" は「焦る、せっぱつまる」の意。主に悪人が追いつめられるとせっぱつまった行動に出ることを言ったものである。この句の前後にはよく "鸡急上房 jī jí shàng fáng"（鶏が焦ると屋根に上がる）、"兔子咬人 tùzi yǎo rén"（兎が人を噛む）などの句が対になる。

わが国では中国伝来の「窮鼠猫を嚙む」が広く使われているが、この方は特に悪人をいうのではなく、弱者でも追い詰められると強者に逆襲するという意味で使われる。"狗急跳墙"も近年ではしばしば"人急造反 zàofǎn"（人はせっぱつまると謀反する）と対になって使われている例は少なくない。

【用例】

a：听说那个工厂劳资纠纷闹大了，工人罢工了。
b：为什么？
a：劳动条件太次了，都有危险了。提意见上面也不理。
b：那哪儿行呢，"狗急跳墙"，何况人呢？事情千万别闹得太大，两败俱伤就不好了。

a：あの工場では労働争議が大きくなって、労働者はストライキをしたそうだ。
b：どうしてだね。
a：労働条件があまりに劣っていて、もう危険なんだ。不満を言っても上層部は相手にしない。
b：それはいかんね。「窮鼠猫を嚙む」だが、まして人間だ。事は絶対に大きくしてはならない。共倒れになったら困るぞ。

【語注】

劳资纠纷 láozī jiūfēn：労資の紛争。労働争議。 **闹大** nàodà：騒ぎが大きくなる。 **罢工** bàgōng：ストライキをする。 **劳动条件** láodòng tiáojiàn：労働条件。 **次** cì：劣る。 **有危险** yǒu wēixiǎn：危険がある。 **提意见** tí yìjiàn：不満・文句を言う。 **理** lǐ：構う。相手にする。 **哪儿行** nǎr xíng：どうしてよいか。よくない。 **何况** hékuàng …**呢**：いわんや。まして。 **千万别** qiānwàn bié ～：決し

て〜するな。　**两败俱伤** liǎng bài jù shāng：共に敗れ共に傷つく。共倒れになる。

36. 狗嘴里吐不出象牙来

Gǒuzuǐ li tǔbuchū xiàngyá lai.

犬の口から象牙は出て来ない。

【解説】

下司の口からは下司な言葉しか出て来ない、つまらない人間に立派なことが言えるわけがないという喩えである。

日本では「鼠口終に象牙なし」というが、これは晋の葛洪『抱朴子』に"虎尾不附狸身，象牙不出鼠口"（虎の尾は狸の体につくことはなく、象の牙は鼠の口に生えることはない）とあるのにもとづく。"狗嘴里…"ももとはここから出たものであろう。《俗諺大全》（大衆文芸出版社，1997）に"鼠口不出象牙"の一句が見える。

なお、この諺と似たものに"狗窝里养不出金钱豹 gǒuwōli yǎngbuchū jīnqiánbào"（犬小屋からヒョウは生まれない）というのがあるが、これは「瓜の蔓に茄子はならぬ」に当る諺である。

【用例】

a：我昨天病了，没来上班，周萍萍愣和别人说我和朋友逛公园去了。你说气人不气人？

b：她的话你别当真，她什么时候说过正经话？

a：那倒是，"狗嘴里吐不出象牙来"。

b：那你还生什么气呀？

a：わたしきのうは病気で出勤しなかったら、周萍萍(チョウピンピン)はなんと人にわたしは友達と公園に遊びに行っていたなんて言ったのよ。ねえ、腹が立つと思わない？

b：彼女の話は真にうけちゃだめよ。いつ真面目なことを言ったことがあるの。

a：それもそうね。「犬の口から象牙は出て来ない」だものね。

b：それなのに何を怒っているのよ。

【語注】

愣 lèng：なんと。事もあろうに。　**你说**：相手の考えを尋ねるときの発話辞。ねえあなた。　**气人**：腹立たしい思いをさせる。　**当真** dāngzhēn：本当にする。真にうける。　**正经话** zhèngjinghuà：まともな話。　**生什么气**：何を怒っているのか。

37. 光脚的不怕穿鞋的

Guāng jiǎo de bù pà chuān xié de.

はだしの者は靴をはいている者を恐れない。

【解説】

素寒貧はもはや失うものがないので怖いものなしであり、持てる者が失うまいと汲々としているのに比べて優位性を保つことができるという哲学である。"光着脚不怕穿鞋的汉"ともいう。

ここから、貧を貧として悲しまず、さらに貧乏だからといって一概に悪いとはいえないという開き直り、ひいてはたくましさが生まれて来る。"贫穷自在，富贵多忧 pínqióng zìzài, fùguì duō yōu"（貧乏は気楽、富貴は心配が多い）とか、"穷人子多必富，

富人子多必穷"（貧乏人は子が多ければ必ず富み、金持ちは子が多ければ必ず貧乏になる）といい、さらに"雨不能下一年，人不能穷一辈"（雨は一年中降り続かない、人は一生貧乏であり得ない）という楽観論が生まれて来るのである。

【用例】

a：你刚有了点钱，就都买了马票，要是赔了怎么办？
b：我原来就是穷光蛋，就是赔了个净光，不也就是和原来一样吗？
a：你可真是"光脚的不怕穿鞋的"啊！看你赔光了吃什么！
b：赔了不是明天的事吗？车到山前必有路！

a：君はちょっと金をもつとすぐみんな馬券を買ってしまうけど、もし損をしたらどうするんだ。
b：僕はもともとが素寒貧だ。すっからかんになったって、元と変わりないよ。
a：君は全く「はだしの者は靴をはいている者を恐れない」だなあ。おい、全部すってしまったらどうして食って行くんだ。
b：損をするのは先のことじゃないか。「車が山の前まで来れば必ず道がある」だよ。

【語注】

穷光蛋 qióngguāngdàn：貧乏人。素寒貧。　**赔了个净光** péile ge jìngguāng：損してすっからかんになる。　**看**：（相手の注意を喚起したりとがめたりするとき）おい。気をつけろ。　**车到山前必有路**：21.【解説】参照。

38. 还没打着狗熊，先别说分皮的话

Hái méi dǎzháo gǒuxióng, xiān bié shuō fēn pí de huà.

黒熊をまだ捕らえぬうちは、先ずは皮を分ける話はするな。

【解説】

"打着"は「捕える」、"先别〜"は「先ずは・ひとまず〜するな」の意。将来のしかも不確実な事柄に期待をかけて、それをあてに気楽な計画をたてることを戒めたものである。わが国でも「取らぬ狸の皮算用」という。また「飛ぶ鳥の献立」とか「空飛ぶ雁を吸い物にあてる」というのもあるが、これとよく似たものが中国にもある。"天上飞的野鸭，不能算碗菜 tiānshang fēi de yěyā, bù néng suàn wǎn cài"（空飛ぶ鴨はおかずの勘定に入れられない）。

因みに、西洋には「熊を捕える前に熊の皮を売るな」という趣旨の諺が広く流布しており、ペルシャには「まだ空を飛んでいる鳥を串に刺すな」という諺があるという。

【用例】

a：听说那个房地产公司正在卖期房，我有点儿心动了。
b：那个公司名声可不太好，你还是仔细想想吧。
a：他们的条件开得好得不得了。
b：那你更得小心了！"还没打着狗熊，先别说分皮的话"。你懂吗？

a：あの不動産会社で分譲予約住宅を販売中と聞いて、すこし心を動かされているんです。
b：でもあの会社は評判があまり良くない。やっぱりよーく考え

なさいよ。
a：あちらの条件はものすごくいいんです。
b：それじゃなおさら気を付けなくちゃ。「取らぬ狸の皮算用」って、分かりますか？

【語注】

房地产公司 fángdìchǎn gōngsī：家屋・地所などを扱う会社。不動産会社。　**期房** qīfáng：完成後分讓を予約して販売する住宅。　**仔细想** zǐxì xiǎng：とくと考える。　**开** kāi：（条件を）書き並べる、提示する。　**〜得** de **不得了** bùdeliǎo：ものすごく〜だ。　**更得小心** gèng děi xiǎoxin：いっそう注意しなければならない。

39. 行行出状元

Hángháng chū zhuàngyuan.

どの職業にも状元が現われる。

【解説】

"行 háng"は「職業。商売」。"状元"は科挙の最終試験の主席合格者。転じて首席・トップになぞらえる。この句の前によく"三百六十行"（あまたの職業）を置く。どの職業にもその道その道で傑出した人物がいるものであるということで、わが国の諺では「芸は道によって賢し」（一芸に通じた人は、その道のことについては他の人よりもすぐれている）に当るだろう。「海の事は漁師に問え、山の事は樵夫に問え」とか、「餅は餅屋、酒は酒屋」などは、時として、外の領分を犯すなという意味を持つので、これに当る中国語の諺はむしろ"犬守夜，鸡司晨 quǎn shǒu yè, jī sī chén"(犬は夜番をし、鶏は暁を告げる)がこれに当るであろう。

【用例】
a：你们家老三可真见出息，买卖越办越火热了。
b：最近倒是有长进，上学的时候我们可没少为他着急。
a：学习上差点儿，不见得干其他的就不行，三百六十行，"行行出状元"。老三成了大经理，不也是拔了尊了吗？
b：话虽是这么说，但是学习好了出息更大，那是绝对没错儿。

a：お宅の老三(ラオサン)は目に見えて頭角をあらわして、商売はますます繁盛ですね。
b：最近になって伸びたんで、学校にいるときはいつも心配させられていました。
a：勉強がすこしだめだって、他のこともだめとは限りません。数ある職業、「どの職業にも状元が現われる」です。老三が大マネージャーになったのも、群を抜いていたからじゃないですか。
b：そうは言っても、勉強ができれば発展ももっと大きいことは間違いありません。

【語注】
见出息 chūxi：目に見えて成長する。頭角をあらわす。　**越〜越〜**：ますます〜。　**火热**：火のように熱い。盛んだ。　**没少**：稀でない。　**不见得** bújiànde〜：〜とは限らない。　**拔尊** bázūn：傑出する。

40. 好话三遍，连狗也嫌

Hǎohuà sānbiàn, lián gǒu yě xián.

忠告もたび重なれば犬でも嫌う。

【解説】

ここの"好话"は「為になる言葉。忠告」の意。好かれとなされる忠告でも、余り度重なると相手にうとましく思われることもある。そこで"好话不说二遍"という諺もある。

善意の言葉に関する諺には、"好话一句三冬暖"（親切な言葉は真冬でも暖かい）、"好话不留情 liú qíng，留情没好话"（有益な助言は容赦なく、遠慮あれば為になる言葉ではない）、"好话不背 bèi 人，背人没好话"（よい話は人にかくすことはない、人にかくれてするのはよい話ではない）などがある。

ただ、同じ"好话"でも、"好话担不住 dānbuzhù 三寻思 xúnsi"（いい話は三度の熟慮にたえられない）の中では「耳に聞こえのよい話」のことである。

【用例】

a：你别说了成不成？车轱辘话，我都听腻了。
b：我是为你好才说的，你这人怎么不知好歹呢？
a：你说的句句有理，可是"好话三遍，连狗也嫌"你懂不懂？何况我又不是小孩子了！
b：好！我以后不管你了，你随便吧！

a：もう言わないでください、いいですか。くどくどしい話はもう聞き飽きました。
b：君のためを思ってこそ言っているのだ。君っていう人はどう

して善し悪しがわからないのか。
a：あなたの言うことは一々道理があるのですが、「忠告もたび重なれば犬でも嫌う」って分かりませんか。まして僕は子供じゃないんですから。
b：よし。もうこれからは君のことは構わない。好きなようにしたまえ。

【語注】
　成不成：いいですか。　**车轱辘话** chēgūluhuà：車輪のように繰返しくどい話。　**听腻** tīngnì：聞き飽きる。　**好歹** hǎodǎi：善し悪し。　**何况** hékuàng：いわんや。　**又不是**：～ではあるまいし。

41. 好了疤痢忘了疼

Hǎole bāla wàngle téng.

出来物が良くなると痛さを忘れる。

【解説】
　"疤痢 bāla" は「出来物の跡。傷跡」。苦しいことも過ぎてしまえば簡単に忘れてしまうことの喩えである。日本の諺では「喉元過ぎれば熱さを忘れる」に相当する。ただ、わが国の諺ではさら

に、苦しいときに人を頼んで助けられても、楽になってしまえばその受けた恩を忘れてしまうという喩えをも含むが、後者の場合、中国の諺では"病好打医生"（病が治ったら医者を叩く）という。

類似の諺に、"念了经，打和尚 niànle jīng, dǎ héshang"（経を読み終わったら和尚を叩く）、"过了河儿就拆桥 guòle hér jiù chāi qiáo"（川を渡ったら橋を取り壊す）などがある。

なお、英語では"The danger past, the saint mocked."（危険が去ると聖者を嘲笑する）という。

【用例】
a：小亮怎么又迷起麻将来了？听他说，昨天他们整整打了一夜。
b：真没办法，他以前玩儿上了瘾，输了不少钱，刚把欠的钱还上。
a：这么说，他纯粹是"好了疤瘌忘了疼"。再欠了债可怎么办？
b：他说自己是单身汉，一个人吃饱了全家不饿，没关系。
a：这叫什么哲学！

a：小亮はどうしてまたマージャンに熱中したんだろう。きのうは一晩中やっていたというが。
b：全くしょうがない。以前にも病みつきになって、かなり負けこんで、やっと借金を返したばかりだ。
a：とすると、彼は全く「喉元過ぎれば熱さを忘れる」だ。また借金ができたらどうするんだ。
b：彼は自分は独身で、一人で腹が一杯になれば家族が飢えることはないので問題ないと言っている。
a：これは何という哲学なんだ。

【語注】

整整 zhěngzhěng：まるまる。　**上瘾** shàngyǐn：病みつきになる。中毒する。　**欠债** qiànzhài：借金をする。

42. 好死不如赖活着

Hǎosǐ bùrú làihuózhe.

立派に死ぬより惨めでも生きていた方がいい。

【解説】

"赖 lài"は「悪い。劣る」の意。"癞 lài"とも書く。"赖活着"で「惨めな生き方をしている」の意。"恶活 èhuó"ともいう。この諺は、どのような生き方でも死ぬよりはましだという意味である。日本の諺では、「死んでの長者より生きての貧乏」が相当しよう。また「死んで花実が咲くものか」や「命あっての物種」などと本は同じ考えに基づく諺と言えよう。

こうした考えと対極にあるのが「生き恥かくより死ぬがまし」であり、中国では"宁为玉碎，不为瓦全 nìng wéi yùsuì, bù wéi wǎquán"（むしろ玉となって砕け散ろうとも、瓦となって身を全うすることはしない）とか、"宁愿站着死，决不跪着生 nìngyuàn zhànzhe sǐ, jué bù guìzhe shēng."（立って死ぬことを望んでも、決して膝を屈して生きることはしない）という。

【用例】

a：文革中你受了那么大的罪，挺过来真不容易呀！
b：老实和你说，有的时候真不想活了，想一死了事。可是，我又没有那么大的勇气，只不过是"好死不如赖活着"而已。

a：你别这么说。你是"留得青山在，不怕没柴烧"。
b：好听点儿，也可以这样说吧。

a：文革中はあんなひどい目に遭ったのに、頑張り抜いたのは偉いことです。
b：実を言うと、時には生きる気を無くして、死んで全てを清算したいと思ったこともありました。しかしそんな勇気もなく、ただ「死んでの長者より生きての貧乏」というだけだったんです。
a：そう言ってはいけません。「青い山を残しておけば、薪のなくなる心配はない（命あっての物種）」ですよ。
b：聞こえがいいですね。そう言ってもいいでしょう。

【語注】

受罪 shòuzuì：苦しい目に遭う。　**挺过来** tǐngguòlai：辛抱し通す。　**一死了事** yīsǐ liǎoshì：死をもって全てのことを終わらせる。**只不过～而已** éryǐ：ただ～のみ。

43. 好吃萝卜的不吃梨

Hào chī luóbo de bù chī lí.

大根の好きな人は梨を食べない。

【解説】

人の好みはさまざまで、すべての人が同じ嗜好を持つとは限らないという喩えである。"梨"は"山里红 shānlǐhóng"（さんざし）ともいう。わが国の諺では「蓼食う虫も好き好き」がこれに相当

— 63 —

しよう。

同じような諺に"熟油苦菜，由人心爱 shúyóu kǔcài, yóu rén xīn'ài"（苦菜の油あえも人の好み次第）とか、"鱼肉青菜，各人所爱 yúròu qīngcài, gèrén suǒ ài"（魚・肉・野菜も、人の好き好き）などがある。「十人寄れば十色」のようにやや広い言い方としては、"百人吃百味 bǎirén chī bǎiwèi"（百人には百人の嗜好）がある。

因みに、西洋では「趣味と色は論じるな」という諺が広く行なわれているようである。

【用例】

a：现在新车那么多，你为什么非买旧车呢？
b：我告诉你，在二手车中找到自己中意的，那个乐趣可大了。
a：我觉得还是新车好。
b："好吃萝卜的不吃梨"，我就是喜欢旧车。

a：今は新車があんなに多いのに、君はなぜどうしても旧い車を買いたいのかね。
b：いいかい、中古車の中に自分の気に入ったのを見つけるのって、その楽しみは最高だよ。
a：僕はやはり新車がいいと思うね。
b：「蓼食う虫も好き好き」さ。僕は絶対旧い車が好きなんだ。

【語注】

非 fēi：ぜひ・どうしても（～しなければならない）。　**二手车**：セカンドハンドの車。中古車。　**找到** zhǎodào：さがしあてる。見つける。　**中意的** zhòngyì de：気に入ったもの。　**乐趣** lèqù：楽しみ。　**就是** jiùshi：絶対に。どうしても。

44. 黒狗偸了油，打了白狗头

Hēigǒu tōule yóu, dǎle báigǒu tóu.

黒犬が油を盗み、白犬が頭を打たれた。

【解説】

悪い事をした者が罰せられず、無実の者が罪をしょいこむことの喩えである。又の言い方に"黄狗偸食，白狗当罪 huánggǒu tōushí, báigǒu dāng zuì" "黒狗吃肉，白狗遭殃 hēigǒu chīròu, báigǒu zāoyāng"とか，"黒猫偸吃，白猫替灾 hēimāo tōuchī, báimāo tì zāi"など、少なくない。

わが国でも「食うた犬は打たれず、嘗めた犬が打たれる」「米食った犬が叩かれずに糠食った犬が叩かれる」「皿嘗めた猫が科を負う」などがある。いずれも単にぬれぎぬを着せられるというだけではなく、大悪が見逃されて小悪が罪される意を含んでいる。『荘子』に「鉤(かぎ)（帯留め）を盗む者は誅せられ国を盗む者は諸侯となる」とあるから、この諺はきっと古くからあったにちがいない。

【用例】

a：老刘是个酒鬼，找个借口就去喝，这几天总拉上我一起去。
b：喝点儿酒热闹热闹，不是挺好吗？
a：可老刘的老婆对我意见大了，好像是我主动叫他去的。
b：这倒有意思了！"黑狗偸了油，打了白狗头"。

a：老劉(ラオリュウ)は酒呑みで、口実を見つけては飲みに行き、この数日ずっと私を引っ張って行くんだ。
b：一杯やって騒ぐのも好いじゃないか。
a：でも老劉の女房は私に大変不満で、まるで私の方から彼を呼

び出しているようなんだ。

b：それは面白い。「食うた犬は打たれず、嘗めた犬が打たれる」だね。

【語注】

酒鬼 jiǔguǐ：酒呑み。飲んべえ。　**找借口** zhǎo jièkǒu：口実を見つける。　**热闹** rènao：にぎやかにやる。　**意见大** yìjiàn dà：ずいぶん不満に思っている。　**好像** hǎoxiàng：まるで〜のようだ。　**主动** zhǔdòng：積極的に。進んで。

45. 横来的钱财汤浇雪

Hènglái de qiáncái tāng jiāo xuě.

思いがけぬ錢は湯を雪にかけるよう。

【解説】

"横来的钱财"（思いがけず入った金銭）は"横财 hèngcái"ともいい、多くは不正の手段で得られた金銭、即ち「悪銭」を指す。"汤"は「スープ」ではなく、元来の「ゆ」をいう。不正の手段で得られた金銭はつまらぬことに使われがちで、結局すぐなくなってしまうことを言っている。わが国の「悪銭身に付かず」がこれに相当する。

同じような諺に、"横财不富命穷人 hèngcái bù fù mìng qióng rén"（あぶく銭は貧乏の星回りの人を富まさない）とか、"不义之财，理无久享 bùyì zhī cái, lǐ wú jiǔ xiǎng"（不義の財は理として長く享受できない）などがある。因みに、英語でも"Ill got, soon spent."（不正に得たものはすぐなくなってしまう）という。

【用例】
a：你听说了吗？刘经理去澳门赌博了，输得一塌糊涂。
b：是啊，他倒是一掷千金面不改色，可是公司的资金都没了。
a：他怎么不心疼钱呢？
b：他那钱都不是正经来的，"横来的钱财汤浇雪"，现世报呗！

a：聞いたかい？ 劉(リュウ)マネージャーがマカオに行って賭博して、めちゃめちゃに負けたんだって。
b：そうだ、でも彼は大金をはたいても顔色一つ変えなかった。しかし会社の資金はみななくなってしまったんだ。
a：彼はどうして金を大事にしないんだい？
b：彼の金はみなまっとうなものではない。「悪銭身につかず」で、天罰てきめんさ。

【語注】
赌博 dǔbó：賭博をする。 **输得一塌糊涂** shūde yītā hútú：めちゃくちゃにひどい負け方をする。 **一掷千金** yī zhì qiānjīn：賭博で大金をかける。 **面不改色** miàn bù gǎi sè：顔色ひとつ変えない。 **心疼** xīnténg：惜しむ。 **正经来的** zhèngjing lái de：ちゃんと手に入れた。まっとうな出所の。 **现世报** xiànshìbào：現世の報い。天罰てきめん。

46. 话到舌尖留半句

Huà dào shéjiān liú bànjù.

話は舌先に出かかっても半分残しておけ。

【解説】

　言いたい事は全部言い尽くすなという忠告である。類似の諺に、**"话不要说死，路不要走绝 zǒujué"**（話は極言するな、道は袋小路に入るな）とか、**"逢人且说三分话，未可全抛一片心 féng rén qiě shuō sānfēn huà, wèi kě quán pāo yīpiàn xīn"**（人に逢ったらとりあえず三分話すだけにし、心の全てを投げ出すな）などがある。

　日本の諺では、「物は言い残せ、菜は食い残せ」という。言葉と食事は控え目がよいというのである。また「言いたい事は明日言え」という諺もある。文句言いたい事があってもその場ですぐに言わずにしばらく時間をおいてよく考えてから言う方がよいということである。

【用例】

a：我们的头头儿心眼儿特小，给他提点意见，他能记你一辈子。
b：你又把他给得罪了吧？
a：可不是！我说他任人唯亲，把他说火儿了。
b：你也真是的！俗语说"话到舌尖留半句"，你不能想想后果再说吗？
a：不行，我这人是直脾气，改不了了。

a：うちのボスは度量が格別狭くて、彼に異議を出すと一生覚えているぜ。
b：君はまた彼の機嫌を損ねたんだね。

a：そうさ。彼が専ら縁故関係で人を任用すると言って彼を怒らせてしまったんだ。

b：本当にあきれた。諺に「話は舌先に出かかっても半分残しておけ」というぞ、後の事を考えてから言えんのかね。

a：駄目だ。僕はあけすけな性格でね、直らないんだよ。

【語注】

头头儿 tóutour：首領。頭。　**提意见** tí yìjiàn：意見、異議を出す。
得罪 dézuì：怒らせる。恨みを買う。　**任人唯亲** rèn rén wéi qīn：縁故だけによって人を任用する。　**说火儿** shuōhuǒr：怒らせる。　**直脾气** zhípíqi：率直である。

47. 黄泉路上没老少

Huángquánlù shang méi lǎoshào.

黄泉路(よみじ)には老若なし。

【解説】

冥土への道には年の順はないということ。わが国では「老少(ろうしょう)不定(ふじょう)は世の習い」と言い習わされている。この句の後にはよく"黄叶不掉青叶掉 huángyè bù diào qīngyè diào"（黄葉は散らず青葉が散る）と続く。老人が後になって若者が先に死ぬことがある人生無常を嘆く言葉である。"黄梅不落青梅落 huángméi bù luò qīngméi luò"ともいう。

類似の諺に「冥土の道に王なし」がある。死は上下の差別なく、みな免れることはできないという。中国のある諺語辞典に"黄泉路上无贵贱 guìjiàn"とあるが用例は見られない。

なお、「冥土の道も金次第」は「地獄の沙汰も金次第」と同じで、中国語では"有钱能使鬼推磨"というが、本書143. を参照されたい。

【用例】

a：小徐忽然得急病去世了，那么年青，真是可惜！
b：他仗着年青，没有他在乎的事，一点也不注意身体。他怎么知道，"黄泉路上没老少"呢！
a：这倒是，生死在天，富贵由命嘛。
b：反正，不管年少年老，都得注意身体，量力而为才行。

a：小徐(シアオシュイ)は突然急病で亡くなった。あんなに若くて、本当に惜しいことだ。
b：彼は若くて気に掛ける事もないのにまかせて体に気をつけなかったのだ。「黄泉路には老若なし」なんて知らなかったんだろう。
a：まあそうだな。生死は天命により、富貴は運命によるのさ。
b：とにかく、老若にかかわらず身体に注意して、力相応にやらなければいけないよ。

【語注】

仗着 zhàngzhe 〜：〜を頼みにして、〜にまかせて。 **在乎** zàihu：意に介する。気に掛ける。 **反正** fǎnzhèng：いずれにせよ。とにかく。 **得** děi 〜**才行**：〜しなければいけない。 **量力而为** liàng lì ér wéi：自分の力を量って事をする。

48. 黄鼠狼给鸡拜年

Huángshǔláng gěi jī bàinián.

イタチが鶏に新年の挨拶をする。

【解説】
イタチは夜間によく鶏を襲って食べる。この句の後には普通"没安好心 méi ān hǎoxīn"（よい考えを抱いていない）と続け、歇後語（しゃれ言葉）として、おべっかには何か下心があるという意味に使われる。

類似のものに、"黄鼠狼看小鸡"（イタチがひよこの番をする）があるが、これもイタチの下心は見え見えである。

この外、見せかけの慈悲、偽善をいうものには"猫哭老鼠 māo kū lǎoshǔ"（猫が鼠のために泣く）とか、"老虎带念珠儿 lǎohǔ dài niànzhūr"（虎が数珠を持つ）などがあるが、わが国の「鬼の空涙（そらなみだ）」「鬼の空念仏（そらねんぶつ）」に相当するだろう。

【用例】
a：姚明一向瞧不起我，平常连个招呼都不打，怎么今年过年愣给我送了一份儿厚礼来，弄得我都胡涂了。
b：那你得小心点儿，说不定是"黄鼠狼给鸡拜年"，没打什么好主意。
a：话是这么说，可是万一他要是好意呢？
b：那…你就感谢老天爷开眼了呗！

a：姚明（ヤオミン）はずっと私を馬鹿にしていて、普段は声一つ掛けないのに、なぜか今年の正月にはなんと贈り物を届けて来て、私は全くわけがわからないんだ。

b：気を付けなさい。「鬼の空念仏」で、何か下心があるのかも知れない。

a：そうは言っても、しかし万一彼がもしかして善意だったらなあ。

b：そしたら、お天道様に御覧いただいたことを感謝するんだね。

【語注】

一向 yíxiàng：これまでずっと。 **瞧不起** qiáobuqǐ：馬鹿にする。 **打招呼** dǎ zhāohu：声を掛ける。会釈する。 **愣** lèng：なんと。意外にも。 **胡涂** hútu：わけがわからない。 **说不定** shuōbudìng：〜かも知れない。 **打主意** dǎ zhǔyi：考えを決める。 **老天爷开眼** lǎotiānyé kāiyǎn：お天道様が（悪事が起きないように）見張っている。

49. 活到老学到老

Huódào lǎo xuédào lǎo.

年寄るまで生きれば年寄るまで勉強。

【解説】

　学ぶということには限りがなく、幾つになっても生きている間はいつまでも勉強するというのである。四字成語に"学无止境 xué wú zhǐjìng"（学びに終りなし）といい、日本の諺にも「習うは一生」という。

　"九十九问一百"（九十九にして百に問う）という諺もある。九十九歳になってもなお百歳の人に問うて学ぶことがあるというのである。日本にも「八十の手習い九十に間に合う」という諺が

ある。正に「生涯教育」である。生涯と言えば、古諺に"生有涯,知无涯 shēng yǒu yá, zhī wú yá"（生には限りがあるが、知には限りがない）とある。英語の諺にも"Never too old to learn."（学ぶのに遅すぎることはない）という。

【用例】

a：我五十多了，还学电脑？算了吧。
b：我爷爷都快八十了，最近挺来劲，要和我学怎么发电子邮件，一点儿也不服老。
a：老爷子可真有点儿"活到老学到老"的精神！
b：就是！你五十多算什么？好好学吧！

a：僕は五十過ぎた。まだコンピュータを勉強するのかい。いい加減にしてくれよ。
b：うちの爺さんなんかもうすぐ八十になるのに、近頃えらく張り切って、僕にＥメールの出し方を習おうとしている。全く年寄り扱いを嫌うんだ。
a：ご老人は本当に「習うは一生」の気概だね。
b：そうなんだ。君は五十過ぎぐらいで何だね。しっかり習いなさいよ。

【語注】

来劲 láijìn(r)：精が出る。張り切る。　**服老** fúlǎo：年寄りを自認する。　**老爷子** lǎoyézi：①お年寄り。②親爺さん。　**算什么** suàn shénme：何に数えるか、何でもない。

50. 祸不单行

Huò bù dān xíng.

禍は単独では来ない。

【解説】

この諺はよく"福不双至 fú bù shuāng zhì"（福は二つそろって来ない）と対になって使われる。災禍はよく重ねて来るものだ。「二度ある事は三度ある」というのも悪い事についていう諺である。英語でも "Bad luck always comes in threes."（不幸は常に三度来る）という。

しかし、悪い事ばかり重なってはたまらない。そこで後の用例文中に見えるように"祸兮福所倚 huò xī fú suǒ yǐ"（禍は福の倚る所）という諺も生まれるし、反対に"福兮祸所伏 fú xī huò suǒ fú"（福は禍の伏す所）という諺も出来ている。併せて「禍福はあざなえる縄の如し」（幸不幸は縄をより合わせたように表裏をなしている）というのである。

【用例】

a：昨天算是倒了霉了，早上电车误点，上班迟到叫科长训了一番，晚上回家路上又摔了一大跤，真是"祸不单行"，不知道今天还会碰上什么。

b：你别那么迷信。再说，祸兮福所倚，今天你该遇到好事儿了。

a：是吗？那我就借你的吉言了。

b：没错儿！

a：昨日はどうやらついてなかったようだ。朝は電車が遅れて勤めに遅刻し科長に説教され、晩は帰宅の途中ですってんと転

ぶし、全く「禍は単独では来ない」だ。きょうはまた何かに出くわすんじゃないかなあ。

b：迷信はよせよ。それに「禍は福の倚る所」と言う。きょうはきっと好い事に会うよ。

a：そうかな。じゃ、君の縁起のよい言葉にあやかろう。

b：間違いなしだよ。

【語注】

倒霉 dǎoméi：運が悪い。ついていない。　**误点** wùdiǎn：定刻に遅れる。　**训** xùn：戒める。説教する。　**摔跤** shuāijiāo：もんどり打って転倒する。　**祸兮福所倚** huò xī fú suǒ yǐ：禍には福が寄りそっている。　**借吉言** jiè jíyán：縁起よい言葉にあやかる。

51. 鸡蛋里挑骨头

Jīdànli tiāo gǔtou.

鶏の卵の中から骨を探そうとする。

【解説】

あら探しをする喩えである。"挑 tiāo"は「探す」の意。"寻 xún""找 zhǎo"とするも同意である。日本の諺では「重箱の隅を（楊枝で）ほじくる」が相当しよう。

類似の諺に"横挑鼻子竖挑眼 héng tiāo bízi shù tiāo yǎn"（鼻を横からほじくり目を縦にしてほじくる＝あれやこれやと難癖をつける）とか"锯锅的戴眼镜，到处找碴儿 jūguōde dài yǎnjìng, dàochù zhǎo chár"（鋳掛け屋が眼鏡を掛ける、あちこちきず（あら）を探す）などがある。

この外、"吹毛求疵 chuī máo qiú cī"(毛を吹いて傷を探す)も書き言葉ではよく使われる成語であり、好んで人の欠点をあげつらうのに喩えられる。

【用例】

a:小杨,我看小蔡人相当不错,和你也挺般配的。
b:他们家亲戚多,我还想考虑考虑。
a:亲戚多算什么缺点?你别"鸡蛋里挑骨头"了。过了这村可就没这店了!
b:亲戚多礼多,事儿也多,不好处。我再想想吧。

a:小楊(シアオヤン)。あたしは小蔡(シアオツァイ)は人柄もなかなかいいし、あんたとはお似合いだと思うがね。
b:あちらは親戚が多いから、わたしもうすこし考えてみるわ。
a:親戚が多いのはどこが悪いというの。「重箱の隅を(楊枝で)ほじくる」のはよしなさい。一旦チャンスを逃したら二度と出会えないよ。
b:親戚が多ければ儀礼も多いし、用事も多くて、付き合いが大変だわ。もうすこし考えさせて。

【語注】

般配 bānpèi:釣合がとれている。似合っている。　**过了这村没**

这店 guòle zhè cūn méi zhè diàn：この村を通り過ぎたら二度とこの宿屋はない。この機会を逃したらもうチャンスはないの意。**好处** hǎochù：付き合いやすい。

52. 鸡飞蛋打

Jī fēi dàn dǎ.

鶏は逃げてしまう卵は割れてしまう。

【解説】

"鸡也飞了，蛋也打了"ともいう。あれもこれもと両方をねらってどちらもだめになることで、「元も子も失う」「虻蜂取らず」に相当する。

類似の諺に"偷鸡不着蚀把米 tōu jī bùzháo shí bǎ mǐ"（鶏を盗もうとしたがうまくゆかず一握りの米を損する）がある。

わが国の諺に「二兎追う者は一兎をも得ず」というのがあり、"逐二兔者不得其一 zhú èr tù zhě bù dé qí yī"だとか、"赶两只兔子，一只都捉不住 gǎn liǎng zhī tùzi, yì zhī dōu zhuōbuzhù"だとかに訳されているが、この諺は中国から出たものではなく、西洋諸国に広く使われており、元来がギリシアから出たものと言われている。因みに、英語では"If you run after two hares, you will catch neither."という。

【用例】

a：老李最近可倒霉了。
b：是吗？他怎么了？
a：他买了不少股票，结果成了白纸了，赔得一塌胡涂。

b：股票可不是好玩儿的，弄不好就会"鸡飞蛋打"。

a：老李(ラオリー)は最近全くついていない。
b：そうかね。どうしたんだ。
a：彼は株をかなり買ったんだが、結果は唯の紙になって、めちゃくちゃに損をしてしまったんだ。
b：株は決して遊び事じゃない。うまくゆかなければ「元も子も失う」のだからね。

【語注】

倒霉 dǎoméi：運が悪い。ついていない。 **股票** gǔpiào：株券。 **赔得一塌胡涂** péide yītā hútú：めちゃくちゃに損をする。さんざん損をする。 **好玩儿** hǎowánr：面白い。 **弄不好** nòngbuhǎo：うまくやれない。失敗する。

53. 急来抱佛脚

Jílái bào fójiǎo.

困った時に仏様の足に取りすがる。

【解説】

"平时不烧香 píngshí bù shāo xiāng"或いは"闲时 xiánshí 不烧香"（普段、何事もない時には線香を上げない）と対になって用いられる。平素は神仏を拝んだこともないのに、いざという時には神仏の助けを求めるということで、普段はうとんじて付き合わないような人に、苦しい時だけ頼ろうとする時によく言われる諺である。"急来"は"急时"、"忙时"、"临时 línshí"（その場に臨む）

などともいう。日本では「苦しい時の神頼み」とか、「かなわぬ時の神頼み」などという。

やや似通った成語に"临阵磨枪 lín zhèn mó qiāng"（戦いに臨んで槍を磨く）や"临渴掘井 lín kě jué jǐng"（喉が渇いてから井戸を掘る）があるが、これらは「もう遅い」を意味するものである。

【用例】
a：快把笔记本借我看看！明天就考试，我求求你了！
b：你这个人也真是的，平时不烧香，"急来抱佛脚"。你来得及吗？
a：来不及也得来得及！我就抱你这个佛脚了。快借给我吧！
b：真没办法，给你！

a：はやくノートを貸して見せてくれよ。あしたは試験なんだ、頼むから。
b：君っていう人は全くもう…。普段は線香も上げずに、「困った時に仏様の足に取りすがる」。間に合うのかい。
a：間に合わなくたって間に合わせなければならないのさ。君のお御足にすがりつくから貸してくれよ。
b：本当にしょうがない奴だ。ほら貸してやる。

【語注】
真是的：まったくもう（不満な気分を表わす）。　**来得及** láidejí：間に合う。　**来不及** láibují：間に合わない。

54. 家菜不香野菜香

Jiācài bù xiāng yěcài xiāng.

家の料理はまずく他家の料理は美味しい。

【解説】

"家花不如 bùrú 野花香"（家の花は野の花の香りに及ばない）ともいう。表面の意味は「他人の飯は白い」「隣の花は赤い」と同様、他人のものは何でもよく見えることの喩えのようであるが、中国では一般に、家の妻は外の女性の色香には及ばないということに喩えて使われるのである。

もちろん次のような言い訳の諺も用意されている。"家花没有野花香，野花哪有家花长"（家の花は野の花の香りに及ばないが、野の花はどうして家の花ほど長続きしようか）。因みにフランスでは「人妻はいつも隣の主人をすみれの如く（すてきな男性と）思う」というそうである。とまれ、「手に取らでやはり野に置けれんげ草」という句もあることを忘れまい。

【用例】

a：老丁在外边有了个相好的。
b：是吗？按说老丁的爱人挺好的，长相好，人也能干。
a：他爱人是不错，可是"家菜不香野菜香"啊！
b：原来如此！诶，你是不是也这么想着呢？
a：我？没有，没有！

a：老丁(ラオティン)は外で浮気の相手が出来たようだ。
b：そうかい。理屈からしたって老丁の奥さんは申し分ないし、容貌もいい、仕事も出来るじゃないか。

a:奥さんは立派さ。しかし「隣の花は赤い」というからね。
b:そういうことか。おい、君もそんな風に思っているんじゃないか。
a:僕か？ そんなことない、そんなことない。

【語注】
相好的：好きな人。浮気の相手。 **按说** ànshuō：道理からして。本来から言って。 **长相** zhǎngxiàng：容貌。 **原来如此** yuánlái rúcǐ：実はそういうことだったのか。

55. 姜是老的辣

Jiāng shì lǎode là.

生姜はひねたのが辛い。

【解説】
年長者の豊富な経験と知恵をたたえる言葉であり、日本の諺「亀の甲より年の功」に相当する。この句の後にはよく"醋是陈的酸 cù shì chénde suān"（酢は古いのが酸っぱい）とか"酒是陈的香 jiǔ shì chénde xiāng"（酒は古いのが香りよい）、"茶是后来酽 chá shì hòulái yàn"（茶は後の方が濃い）などが対句となる。

この外、"姜是越老越辣 jiāng shì yuè lǎo yuè là"（生姜は古いほど辛い）とか、"人老精，姜老辣 rén lǎo jīng, jiāng lǎo là"（人は年取ると賢くなり、生姜はひねたのが辛い）などと言う。また、"老马识途 lǎomǎ shí tú"（老いた馬は道を知っている）も老人の経験の尊さを喩えた成語である。

【用例】

a：李师傅炒的菜就是比刘师傅强。

b：李师傅掌了二十多年的勺子，刘师傅才干了几年呢？

a："姜是老的辣"这话确实不假，刘师傅还得熬几年。

b：不过，刘师傅脑子灵，也许用不了几年，就能赶上李师傅。

a：李シェフが炒めた料理は本当に劉シェフよりもうまい。

b：李シェフは料理を作って二十何年にもなるんだ。劉シェフは何年たったと言うんだ。

a：「生姜はひねたのが辛い」というのは確かに本当だ。劉シェフはまだ何年も苦労しなければならないさ。

b：でも劉シェフは頭がいいから、数年もしないうちに李シェフに追いつけるかも知れない。

【語注】

师傅 shīfu：親方。師匠。　**强** qiáng：勝っている。よい。　**掌勺** zhǎngsháo：調理を受け持つ。コックをする。　**熬** áo：辛抱する。苦労する。　**脑子灵** nǎozi líng：頭がいい。　**也许** yěxǔ：もしかすると…かも知れない。　**赶上** gǎnshàng：追いつく。

56. 脚上泡自己走的

Jiǎoshang pào zìjǐ zǒu de.

足のまめは自分が歩いて作ったもの。

【解説】

自分の行為の結果は自分で受けなければならないということだ

が、この句の後にはよく"身上的疮自己惹的 shēnshang de chuāng zìjǐ rě de"（体のできものは自分で作ったもの）という句が続くように、それは多く悪行の報いを言ったものである。四字の成語では"自作自受 zì zuò zì shòu"（自業自得）とか"咎由自取 jiù yóu zì qǔ"（とがは自ずから招いたもの）などという。わが国の諺では「身から出た錆」が相当するだろう。

ところで、人間とかく自分で種を播いたことを忘れて他に責めを帰しがちだが、それを言った諺に、"栽了跟头，别怪石头 zāile gēntou, bié guài shítou"（すってんとひっくり返っても石を責めるな）というのがある。

【用例】

a：这几天连着加班，把我累死了。
b：最近不是不太忙吗？
a：活倒是不多，可我一直放着没干，人家赶着要了。
b：这可是"脚上泡自己走的"，你没什么可埋怨的。

a：この数日続けざまの残業でくたくただ。
b：最近はそんなに忙しくないんじゃないの。
a：仕事は多くはないんだが、ずっとほったらかしてあるんで、向うが急いでいるんだ。
b：それじゃ「身から出た錆」でしょうが、何も恨むようなことはないでしょ。

【語注】

连着 liánzhe：続けて。　**加班** jiābān：残業（する）。　**把我累死 lèisi 了**：私をひどく疲れさす。私はへとへとだ。**活** huó：仕事。**放着没干** fàngzhe méi gàn：ほったらかしたままやってない。　**人家**

rénjia：人様。あちらさん。　**赶着要** gǎnzhe yào：急いで必要としている。　**埋怨** mányuàn：恨む。とがめる。愚痴をいう。

57. 解铃还需系铃人

Jiě líng hái xū jì líng rén.

鈴をほどくには鈴をつないだ人が要る。

【解説】

トラの首の鈴を解くのは誰か、やはり鈴をつないだ人でないとほどけないという仏教説話を踏まえた諺である。面倒事はそれを引き起こした当人が解決するよりほかない、播いた種は自分で刈り取らなければならないというのである。

これとよく対になって用いられる句に、"心病还须心药医 xīnbìng hái xū xīnyào yī"（心の病はやはり心の病気に効く薬で治さなければならない）がある。心配事から出た病気は心配の種を取り除かなければならないというのである。

類似の諺に"放火 fànghuǒ 是我，收火 shōuhuǒ 由我"（火をつけたのも自分、火を消すのも自分でする）というのがある。

【用例】

a：她们姐妹俩好久不说话了，家里老人挺着急。
b：为什么呢？
a：姐姐说话说过头了，妹妹接受不了，俩人闹崩了。
b："解铃还需系铃人"，姐姐虚心点儿，赔个不是不就完了吗？

a：彼女たち姉妹は長いこと口をきいておらず、家の年寄りはた

いへん心配している。
b：どうしたんです？
a：姉の口が過ぎて、妹は我慢がならず、二人は仲違いしたんです。
b：「鈴をほどくのは鈴をつけた人」、姉さんがすこし意地を引っこめて謝れば、それですむんじゃないかな。

【語注】
着急 zháojí：気をもむ。心配する。 **说话过头** shuōhuà guòtóu：話の度が過ぎる。 **接受不了** jiēshòubuliǎo：受け入れられない。聞き入れられない。 **闹崩了** nàobēng le：決裂した。仲違いした。 **虚心** xūxīn：虚心になる。意地を引っこめる。 **赔个不是** péi ge búshì：誤りを認める。詫びる。

58. 借时观音佛，还时似阎罗

Jièshí Guānyīnfó, huánshí sì Yánluó.

借りる時は観音さん、返す時は閻魔のよう。

【解説】
金を借りる時はにっこりしていたが、いざ返す段になると不機嫌な渋い顔をすること。わが国でも「借りる時の地蔵顔（或いは恵比寿顔）、返す時の閻魔顔」という。

類似の諺に、"人来求我三春雨 sānchūnyǔ, 我去求人六月霜 liùyuè shuāng"（人が頼みに来た時は暖かくしても、こちらが頼みに行けば冷たいそぶり）がある。

貸した金でも取り立てるのに苦労することを言った諺に"立了

放债，跪了讨债 lìle fàngzhài, guìle tǎozhài"（立って金を貸し、膝を折って取り立てる）がある。また、"欠债的多健忘，讨债的记性强 qiànzhài de duō jiànwàng, tǎozhài de jìxìng qiáng"（借金した方は忘れっぽいが、貸した方は記憶がいい）という諺もあり、借り手と貸し手の攻防は尽きない。

【用例】

a：小王向我借钱，说好三个月还，现在都一年了。
b：你怎么不向他要呢？
a：我要了，可他那个样子，好像我欠他钱似的，真不好开口。
b：这可是真应了"借时观音佛，还时似阎罗"这句话了。

a：小王(シアオワン)は私に借金して、3ヵ月したら返すと約束したのに、今はもう1年になっている。
b：君はどうして彼に請求しないの？
a：請求したんだが、彼の様子はまるで僕が彼に借りているみたいで、全く言い出し難いんだ。
b：それじゃ全く「借りる時の地蔵顔、返す時の閻魔顔」の諺通りだな。

【語注】

都 dōu …**了**：もう…になる。　**好像** hǎoxiàng …**似的** shìde：まるで…のようだ。　**欠** qiàn：借りる。　**应了** yìng le：言葉通りになった。

59. 今朝有酒今朝醉

Jīnzhāo yǒu jiǔ jīnzhāo zuì.

今日酒があれば今日飲んで酔う。

【解説】

これはもともと唐の詩人羅隠の詩の一句で、この句の後に"明日愁来明日愁 míngrì chóu lái míngrì chóu"(明日愁いが来れば明日愁える)が続く。羅隠は科挙の試験を十度受けたが及第せず、デカダン詩人であった。今日は今日の運命に、明日は明日の運命にまかせ、その時々のなりゆきにまかせることをいう。日本の諺では「今日は今日、明日は明日の風が吹く」に相当するだろう。"今朝"は"今日""今夕"ともいう。また、後の句は"不管明日是与非 bùguǎn míngrì shì yǔ fēi"(明日がどうなろうとかまわない)ともいう。

単に「その日暮しをする」という中国語は"过一天，算一天 guò yītiān, suàn yītiān"というが、本書 27. に示した"当一天和尚撞一天钟"も同様の意味である。

【用例】

a：小何下岗以后怎么生活呢？
b：摆了个小摊，勉强有点儿进项，多少补助点生活吧。
a：那以后的生活呢？
b：他也不着急，说是"今朝有酒今朝醉"，好像也没什么长远打算。
a：这可真让人担心！

a：小何(シアオホー)は失業した後どうやって暮している？
b：小さい露店を出して、なんとか少しは収入があって、いくら

かでも生計の足しにしているんだろう。
a：じゃ、これからの暮しは？
b：別に焦りもせず、「今日は今日、明日は明日」と言って、何か先々の考えがあるようでもなさそうだ。
a：本当に人を心配させるね。

【語注】

下岗 xiàgǎng：一時帰休する。失業する。　**摆摊（子）** bǎi tān(zi)：露店を出す。　**勉强** miǎnqiǎng：無理に。なんとか。　**进项** jìnxiàng：収入。　**补助** bǔzhù **生活**：生計の足しにする。　**长远打算** chángyuǎn dǎsuàn：長期的な考え。先々の心積り。

60. 井水不犯河水

Jǐngshuǐ bù fàn héshuǐ.

井戸水は川の水を犯さない。

【解説】

互いに他人の領分を犯さないという喩えである。"河水不犯井水"ともいう。日本の諺では「人は人、我は我」が相当するだろう。

類似の諺に"他念他的经，我拜我的佛 tā niàn tā de jīng, wǒ bài

wǒ de fó"(彼は彼のお経を読み、私は私の仏様を拝む)とか、"**你念你的弥陀 mítuó，我敲 qiāo 我的木鱼 mùyú**"(貴方は貴方の阿弥陀経を読み、私は私の木魚を叩く)などがある。

これらの諺と似ているが、単に不干渉を言うのではなく、それぞれが自分の道を進むという意味の諺には"**各走各的路，各投各的店 gè zǒu gè de lù, gè tóu gè de diàn**"(それぞれ自分の道を行き、それぞれの宿屋に泊る)があり、四字成語では"**各奔前程 gè bēn qiánchéng**"という。

【用例】

a：小张和小薛谁也不买谁的账，怎么让他俩管一个部门去了？
b：是呀，幸亏领导觉悟得早，把他们调开了，各管一个部门。
a：那还差不多。这俩人之间别打交道，"井水不犯河水"，工作反而能做好。
b：怎么用人真是个大学问啊！

a：小張と小薛はどちらも相手を評価しないのに、どうして彼ら二人に同じ部門を管轄させたんだろう。
b：そうだ。幸い指導部が早く気付いて彼らを配置換えして、それぞれ別の部署にしたのでよかった。
a：それはまだよかった。この二人は接触させてはいけない。「井戸水は川の水を犯さない」で、仕事も却ってやり易くなった。
b：どのように人を使うかも本当に大学問だ。

【語注】

买账 mǎizhàng：相手の長所・力量を認める。　**幸亏** xìngkuī：幸いにも～でよかった。　**调开** diàokāi：転勤させる。　**打交道** dǎ jiāodào：接触する。顔を合わせる。

61. 酒逢知己千杯少

Jiǔ féng zhījǐ qiānbēi shǎo.

酒は知己と逢って飲めば千杯でも少ない。

【解説】

この句の後にはよく"话不投机半句多 huà bù tóujī bànjù duō"（話は意気投合しなければ半言でも多い）が対句となって続く。"千杯"は"千钟 qiānzhōng"と言うも同じ意味である。日本でも「酒は知己に逢うて飲むべし」と言うが、これは"酒逢知己饮，诗向会人吟 jiǔ féng zhījǐ yǐn, shī xiàng huìrén yín"（酒は知己に逢って飲め、詩は解（わか）る人に対して詠め）から転来したものであろう。

因みに、酒に関する諺を二三挙げておこう。"万事不如杯在手 wànshì bùrú bēi zài shǒu"（何事も酒杯が手中にあるのに及ばない＝酒がなくて何の己が桜かな）、"一醉解千愁 yī zuì jiě qiānchóu"（酒は愁いを払う玉箒）、"酒不醉人人自醉 jiǔ bù zuì rén rén zì zuì"（酒は人を酔わしめず人自ら酔う）。

【用例】

a：我们家这位平常不大喝酒，今天见了你喝个不停，话也打不住了似的，这是怎么了？
b：我们俩从小就是朋友，特别和得来。
a：怪不得人家常说"酒逢知己千杯少"呢，今天我可见着了。

a：内の人は普段あまりお酒を飲まないのに、きょうは貴方にお会いしてしきりに飲んで、話もとどまらないようです。どうしたんでしょう。
b：わたしたちは小さい時からの友だちで、格別気が合うんです

よ。
a：道理でよく「酒は知己に逢って飲めば千杯でも少ない」と言
　　うんですね。きょうはこの目でよく見ましたわ。

【語注】

喝个不停 hē ge bùtíng：休みなく飲む。しきりに飲む。　**打不住** dǎbuzhù：やめられない。　**和得来** hédelái：気が合う。ウマが合う。　**怪不得** guàibude：～するのも無理はない。道理で～だ。　**见着** jiànzháo：確かに目にする。

62. 君子一言快马一鞭

Jūnzǐ yīyán kuàimǎ yībiān.
君子の一言は速馬に一鞭くれたようなもの。

【解説】

　君子の一言、すぐさま実行するということ。"君子"は"丈夫 zhàngfū"とも"好汉 hǎohàn"ともいう。また"快马一鞭"は"驷马难追 sìmǎ nán zhuī"（四頭立ての馬車でも追いつけない）ともいう。
　日本の諺では「男子の一言、金鉄の如し」とか、「男子の一言、四馬も及ばず」という。「四馬」とは"驷 sì"（四頭立ての馬車）のことで、論語に"驷不及舌 sì bù jí shé"（四頭立ての馬車でも一度言った言葉を追いかけて取り戻すことはできない）と言うのを踏まえたものである。
　この外に、"男子汉大丈夫说到作到 nánzǐ hàn dàzhàngfū shuōdào zuòdào"（男の言った事は実行する）もよく使われる。

【用例】

a：这次定的货可是量大，你们要是不能按时交货，我们那边儿可就要坐蜡了。
b：你放心！我们就是不吃不睡，也要把这批货给你赶完。
a：好！"君子一言快马一鞭"！这次顺利了，下次咱们就好办了。
b：没问题，你就等着擎好儿吧！

a：今回注文した品物はなかなか数量が多いですが、そちらがもしも期日通りに納品できなければ、こちらは困ったことになるのですが。
b：ご安心ください。手前どもたとえ不眠不休でも、品物を間に合わせます。
a：結構。「君子の一言は速馬に鞭をくれたようなもの」。今回順調にゆけば、次回から好都合です。
b：大丈夫です。よい知らせを待っていてください。

【語注】

按时 ànshí：期日通りに。　**坐蜡** zuòlà：困難な状況に陥る。困ったことになる。　**赶完** gǎnwán：急いで仕上げる。　**擎好儿** qínghǎor：よい結果を見る。

63. 夸嘴的大夫没好药

Kuāzuǐ de dàifu méi hǎoyào.

自慢する医者に良薬なし。

【解説】

自慢話を好んでする医者は腕が悪いということで、一般に劣っている者ほど自慢話をしたがるものだという喩えである。"说嘴郎中无好药 shuōzuǐ lángzhōng wú hǎoyào"（偉そうなことを言う医者に良い薬はない）ともいう。日本では「やぶ医者の手柄話」がよく知られている。

因みに、医薬に関する諺を二三挙げておこう。"三分吃药七分养 sānfēn chī yào qīfēn yǎng"（三分の薬餌七分の養生）、"医得病，医不得命 yīdé bìng, yībudé mìng"（病は治せても運命を治すことはできない）、"医不三世不服其药 yī bù sānshì bù fú qí yào"（三代続きの医者でなければその薬を飲まない）、"有病方知健是仙 yǒu bìng fāng zhī jiàn shì xiān"（病気になって初めて健康の有難さが分かる）。

【用例】

a：最近寄来了好多减肥药的宣传材料，有的说得都神了，一个星期可以减五公斤！

b：你别信，那是胡吹。

a：我想试试，要是真的有用呢？

b：你得小心点儿，"夸嘴的大夫没好药"，试出事来就麻烦了。

a：最近たくさんダイエット薬の宣伝資料を送って来るわね。中には随分おかしいのがあるの。一週間で五キロ痩せることが

できるなんてね。
b：信用しちゃだめよ。大ボラなんだから。
a：試してみようかと思っているの。もし本当に効き目があったらどうする？
b：気を付けた方がいいわよ。「自慢する医者に良薬なし」というわ。試してみて事故が起きたら面倒よ。

【語注】
减肥药 jiǎnféiyào：ダイエット薬。　**神** shén：巧妙だ。おかしい。　**胡吹** húchuī：でたらめ。　**试出事来** shìchū shì lai：試して事故が起きる。

64. 癞蛤蟆想吃天鹅肉

Làiháma xiǎng chī tiān'é ròu.

ガマガエルが白鳥の肉を食べたがる。

【解説】
身のほど知らずの高望みをすることを喩える。多くは男性の片

思いをいう。日本の諺では「及ばぬ鯉の滝のぼり」や「高嶺の花」に当るだろう。

類似の諺に"癩蛤蟆伸长脖子想吞月亮 làiháma shēncháng bózi xiǎng tūn yuèliang"（ガマガエルが首を長く伸ばして月を呑み込もうとする）、"癩蛤蟆想上樱桃树 shàng yīngtáoshù"（ガマガエルがサクランボの木に登ろうとする）があるが、いずれもかなわぬ願いのことである。なお、「絵に描いた餅」はややニュアンスが異なるが、中国語では"画在墙上的大烙饼 huàzai qiángshang de dà làobǐng"（壁に画いたラオピン）とか、"镜里烧饼水中月 jìnglǐ shāobǐng shuǐzhōng yuè"（鏡の中のシャオピンと水中の月）などという。

【用例】
a：小张找对象的标准可真有意思！
b：可不是吗！他老想找个像电影明星似的大美人儿。
a：可是他自己的条件也太可怜了，连一米六都不到。
b：就是，简直是"癩蛤蟆想吃天鹅肉"！

a：小張<small>シアオチャン</small>がお相手を探す基準は本当に面白い。
b：全くだ。彼はずっと映画スターのような大美人をさがそうとしているんだ。
a：しかし彼自身の条件は全く哀れだ。1メートル60もないんだから。
b：そうなんだ。全く「及ばぬ鯉の滝のぼり」だね。

【語注】
对象 duìxiàng：（恋愛・結婚の）相手。　**有意思** yǒu yìsi：面白い。　**像** xiàng …**似的** shìde：…のような。　**连** lián …**都**：…さえも。

65. 浪子回头金不换

Làngzǐ huítóu jīn bù huàn.

放蕩息子が改心するのは黄金にも換えがたい。

【解説】

"浪子"は"败(家)子 bài(jiā)zǐ"ともいい、「放蕩者。道楽息子」のこと。"回头"は「悔い改める」の意。道楽息子が改心するということは黄金にも換えがたいということ。

類似の諺に"败子若收心，犹如鬼变人 bàizǐ ruò shōuxīn, yóurú guǐ biàn rén"（道楽息子が心を入れ替えるのは、あたかもお化けが人に変わるようなもの＝とうてい出来ない）というのがある。また、"浪子荡尽自回头 làngzǐ dàngjìn zì huítóu"（放蕩者は金を使い果たしたら自然に改心する）というのがあるが、これは日本の諺では「無いが意見の総じまい」「親の意見より無い意見」に近いであろう。道楽息子には親の意見よりも無一文になるのが一番効き目があるというのである。

【用例】

a：去年我们邻居的孩子染上了吸毒的毛病，进了戒毒院。
b：那管用吗？听说那是改不了的。
a：你别说，这孩子还真有点骨气，不但把毒戒了，出来以后工作得也挺好。
b：那可是"浪子回头金不换"了。要不，他父母得着多大急啊！

a：去年近所の子が麻薬を吸う病気に染まって中毒治療施設に入ったんです。
b：それ役に立つんですか。あれは治らないそうですが。

a：それはそうだけど、その子はなかなか意地があって、麻薬を断ったばかりでなく、出所後は立派に仕事をしています。

b：それは本当に「放蕩者が改心するのは黄金にも換えがたい」ですね。さもなかったら、御両親はどれほど心配されたことか。

【語注】
　戒毒院 jièdúyuàn：麻薬中毒者治療施設。　**管用** guǎnyòng：役に立つ。効果がある。　**骨气** gǔqì：気骨。意地。　**要不** yàobù：さもなければ。　**着急** zháojí：焦る。心配する。

66. 老虎还有打盹儿的时候

Lǎohǔ hái yǒu dǎdǔnr de shíhou.

トラでも居眠りするときがある。

【解説】
　"打盹儿 dǎdǔnr"は「居眠りをする」、"打瞌睡 dǎkēshuì"ともいう。どんなに才能や力がある人でも時としてしくじりや手抜かりをすることがあるという喩えである。わが国の諺では「弘法にも筆の誤り」「釈迦にも経の読み違い」とか、平たく言えば「猿も木から落ちる」「河童の川流れ」に当る。

　西洋では「四つ足の馬でも躓く」というのが広く使われているが、英国には別に"Even Homer sometimes nods."（ホーマーでも時にはしくじる）という言い方がある。

　類似の諺には、"孔子也有三分差 kǒngzǐ yě yǒu sānfēn chà"（孔子にも三分の誤り）、"圣人 shèngrén 也有三分错"（同上）のほか、

本書 23."聪明一世，胡涂一时"もある。

【用例】

a：昨天我可做了件丢人的事。请人吃饭愣没带够钱，信用卡也忘带了。

b：这可不像你做的事，你平常干什么都那么小心翼翼的。

a：是啊，回家后我太太数落我半天，说得我都抬不起头来了。

b：没关系！"老虎还有打盹儿的时候"呢，难免。再请一顿不就得了么。

a：きのうは全く恥ずかしい事をしてしまった。人を食事に誘ったのになんと金が足りない、クレジットカードも持つのを忘れてたんだ。

b：それは君のすることらしくない。普段は何事をするにもあんなに細心なのに。

a：うん、家に帰ってから女房にさんざん小言を言われて、全く頭が上がらなかった。

b：何てことない。「虎も居眠りするときがある」さ。ままあることだ。もう一度招待すれば済むことじゃないか。

【語注】

　丢人 diūrén：恥をかく。面目を失う。　**愣** lèng：事もあろうに。なんと。　**小心翼翼** xiǎoxīn yìyì：慎重で注意深い。　**数落** shǔluo：(落ち度を) 数え立てて責める。小言を言う。　**抬不起头来** táibuqǐ tóu lai：頭・顔を上げられない。

67. 老鹰不吃窝下食

Lǎoyīng bù chī wōxià shí.

トビは巣の周りのものを餌食にしない。

【解説】

悪人も自分の住む地元では悪いことをしないものだという喩えである。これとよく対になって使われる句に"**兔子不吃窝边草** tùzi bù chī wōbiān cǎo"（兎は自分の巣の周りの草を食べない）がある。

因みに、盗みに関する諺をいくつか紹介しておこう。"**小时偷针** tōu zhēn，**大时偷金**"（子供のとき針を盗めば、大人になって金を盗む）、"**偷一就有十**"（一度盗みをすれば十度）、"**偷风不偷月，偷雨不偷雪**"（風に盗み月に盗まず、雨に盗み雪に盗まず）、これは泥棒の心得か、防犯の要領か。"**顺带不为偷** shùndài bù wéi tōu"（ついでに持って行くのは盗みではない）、"**偷书不为贼** tōu shū bù wéi zéi"（本を盗んでも泥棒ではない）。

【用例】

a：你看报了吗？
b：看了，真没想到，杀害幼童的犯人竟然是住在旁边的近邻！
a：就是，最近恶性犯罪的程度简直是令人难以想象。
b：俗话说"老鹰不吃窝下食"，这样的人连禽兽也不如！

a：新聞見ましたか。
b：見ました。思いもよりませんでしたよ。幼児を殺害した犯人がなんとすぐそばの隣人だったとはね。
a：ほんとに。最近凶悪犯罪の程度は全く想像を絶します。

b：諺に「トビは巣の周りのものを餌食にしない」というけど、こんな人は畜生にも及ばない！

【語注】

竟然 jìngrán：意外にも。なんと。 **难以** nányǐ：～し難い。 **连禽兽也不如** lián qínshòu yě bùrú：畜生にさえも及ばない。

68. 篱帮桩，桩帮篱

Lí bāng zhuāng, zhuāng bāng lí.

垣根は杭(くい)を助け、杭は垣根を助ける。

【解説】

"篱"（まがき、垣根）は単用するときには"篱笆 líba"という。世の中はお互いにその分をつくして助け合うことが大切だということである。日本の諺では「船は帆でもつ帆は船でもつ」が相当しよう。「世の中は相持ち」ともいう。

類似の言い方に"鱼帮水，水帮鱼"（魚は水を助け水は魚を助ける）、"船帮水，水帮船"、"山依岭 shān yī lǐng，岭依山"などがある。

ややニュアンスが異なるが、みんなの助けがあってこそ事が成就するという諺に"红花还得绿叶扶 hónghuā hái děi lǜyè fú"（赤い花も緑の葉の助けが要る）とか、"好花也要水浇 jiāo"（よい花も水をやらなければならない）などがある。

【用例】

a：小沈说公司发展成这个规模，都是他一个人的努力。

b：别听他胡吹！"篱帮桩，桩帮篱"，这是谁都明白的道理。他是不懂，还是装胡涂？

a：我看他是有了几个钱，头就发晕了。

b：要是旁边的人和他散了伙儿，他的公司就够呛了。

a：小沈(シアオシェン)は会社がこんなに大きくなったのはみな自分一人の努力だと言っている。

b：彼の大ボラを聞くんじゃない。「垣根は杭を助け、杭は垣根を助ける」というのは誰でも知っている道理だ。彼は知らないのか、空とぽけているのか。

a：彼は小金を持ったため頭がおかしくなったんじゃないか。

b：もしも周りの人が手を引いたら、彼の会社は目も当てられないよ。

【語注】

胡吹 húchuī：だぼらを吹く。 **装胡涂** zhuāng hútu：知らないふりをする。空とぽける。 **发晕** fāyùn：（頭が）くらくらする。のぼせあがる。 **散伙** sànhuǒ：解散する。手を引く。 **够呛** gòuqiàng：大変だ。たまらない。

69. 留得青山在，不怕没柴烧

Liúdé qīngshān zài, bù pà méi chái shāo.

青い山を残してあれば、焚く薪には困らない。

【解説】

大本になるものさえ残しておけば、一時は逆境にあっても、将

来必ず再起の望みがあるということ。大本はさまざまであり得るが、極言すれば己れの身であり、命である。そこで日本語訳の多くは「命あっての物種(ものだね)」「死んで花実が咲くものか」となっている。

後半句は"哪怕 nǎpà 没柴烧"(何で薪がないのを恐れよう)とか、"依旧 yījiù 有柴烧"(元通り薪がある)ともいう。

類似の諺に、"留得葫芦子 húluzǐ, 不怕无水瓢 wú shuǐpiáo"(ヒョウタンの種を残しておけばヒサゴがなくなる心配はない)、"三寸气在千般用, 一旦无常万事休 sāncùn qì zài qiānbān yòng, yīdàn wúcháng wànshì xiū"(生きている間は何でもできるが、一旦死んでしまえば万事終わりだ)などがある。

【用例】

a：你家在神户，地震的时候没事儿吧？
b：我们家正好在震得最利害的地方，不但房子倒了，后来的火灾也没逃掉，家全毁了。幸好人没事，一个没伤。
a：人没事就好。"留得青山在，不怕没柴烧"。千万别泄气。
b：是啊，现在不又盖起了新房了吗？
a：说起来，人还是最坚强的啊！
b：那当然！

a：お宅は神戸だが、地震の時は無事でしたか。
b：私の家はちょうど揺れが一番ひどい所にあって、家屋が倒れたばかりでなく、後の火災も免れられず、家は全滅です。幸い人は無事で一人も怪我しませんでした。
a：人が無事ならよかった。「死んで花実が咲くものか」だ。どうかくじけないように。
b：はい。今また家を新築しているところですよ。
a：言ってみれば、人間はやはり強いですね。

b：もちろんです。

【語注】

正好 zhènghǎo：ちょうど。　**逃掉** táodiào：逃げきる。　**泄气** xièqì：気を落す。

70. 路上说话，草里有人

Lùshang shuōhuà, cǎoli yǒu rén.

路上で話をすれば、草むらで人が聞いている。

【解説】

人影が見えないからといって、油断するとどこで誰が聞いているかわからず、秘事はとかくもれやすいという意味である。わが国の諺では「壁に耳あり障子に目あり」という。実は中国でも"墙有眼睛，壁有耳朵 qiáng yǒu yǎnjing, bì yǒu ěrduo"（塀に目あり、壁に耳あり）とか、"墙有缝 fèng，壁有耳"（塀に隙間あり、壁に耳あり）などはよく使われている。

英語でも"Walls have ears."（壁は耳を持っている）というが、「壁に耳あり」という言い方は世界中広い範囲で、「野・森・畑・道に目あり」などと対になって使われている。

なお、わが国には「徳利に口あり、鍋に耳あり」というユーモラスな言い方もある。

【用例】

a：小王说经理是草包，不知怎么被经理知道了。
b：经理这个人心眼小，当然不会放他过去。

a：小王特别奇怪，因为他只和一个好朋友随便说的，没人知道。
b："路上说话，草里有人"。说不定叫谁听见，传到经理那儿了。

a：小王(シアオワン)がマネージャーは能なしだと言ったのを、どういうわけかマネージャーに知られてしまったのさ。
b：マネージャーは度量が狭いから、無論彼を大目に見っこない。
a：小王(シアオワン)はとても不思議がっているんだ。彼はただ一人の親友に気軽に話しただけで、誰も知らないんだからね。
b：「壁に耳あり、障子に目あり」だ。誰かに聞かれてマネージャーの所に伝わったのかも知れない。

【語注】

草包 cǎobāo：能なし。　**心眼** xīnyǎn：度量。　**放过去** fàngguòqu：ほっておく。大目に見る。　**奇怪** qíguài：不思議がる。　**说不定** shuōbudìng：〜かも知れない。　**叫** jiào：（受身を表わす）〜される。

71. 路遥知马力，日久见人心

Lù yáo zhī mǎlì, rì jiǔ jiàn rénxīn.

道遠くして馬の力を知り、日久しくして人の心が見える。

【解説】

長く付き合えば人の心がよく分かるものだということ。"遥"は"远"とも、"日"は"事"ともいう。やや似た諺に "**人要长交，帐要短算** rén yào cháng jiāo, zhàng yào duǎn suàn"（人は長く付き合うがよい、勘定は短い間がよい）がある。

人の心は分からないのが当り前である。従ってそう言う諺が極めて多い。

　"人心隔肚皮 gé dùpí，你我两不知"（人の心は腹の皮を隔てている、お互い同士分からない）、"人面咫尺 zhǐchǐ，心隔千里"（顔はすぐそばだが、心は千里も隔っている）、"画虎画皮难画骨，知人知面不知心"（虎を描くのに皮は描けるが骨を描くのは難しい、人を知るに顔は分かるが心は分からない）等限りない。

【用例】

a：我看方亮对你不错，你就和他好吧。
b：我也正在考虑这个事，大学四年同学了，他倒是一直照顾我。
a：那你还考虑些什么呀？决定了算了。
b：可是，"路遥知马力，日久见人心"。不知道以后他会怎么样。
a：四年还不够啊？你还要看多久，看到自己成为老太婆为止？！

a：方亮(ファンリャン)はあなたに好くしてくれているように見えるけど、彼と一緒になったらどう？
b：私もちょうどその事を考えているの。大学4年間同級生で、彼はずっと私に気を配ってくれているわ。
a：じゃ何をまだ考えているの。決めてしまえばいいのよ。
b：でもね、「道遠くして馬の力を知り、日久くして人の心が見える」、今後彼がどうなるか分からないわ。
a：4年間でもまだ足りないの。あとまだどれだけ見ているつもり？　自分がお婆さんになるまで見ていようというの？

【語注】

　和他好：彼と仲好くする。一緒になる。　**算了** suàn le：おしまいにする。　**看到…为止** wéizhǐ：…するまで見つづける。

72. 马瘦毛长，人穷志短

Mǎ shòu máo cháng, rén qióng zhì duǎn.

馬は瘦せれば毛が長くなり、人は貧すれば志が小さくなる。

【解説】

後半句は"人贫智短 rén pín zhì duǎn"ともいう。人は貧乏すると、頭の働きが鈍くなり、心もさもしくなるということである。類似のものに"人穷低 dī 了三分志"（人は貧乏すると志が三分低くなる）の外、"贫字与贪字一样写 pín zì yǔ tān zì yíyàng xiě"（貧の字と貪の字は同じように書く）、"人穷形变，狗瘦毛长"（人は貧乏すると見る影もなくなり、犬は瘦せると毛が長くなる）などがある。「貧すれば鈍する」に当る。

しかし、貧乏は時の運である。恥ずべきことではない。"贫不足羞，可羞者是贫而无志 pín bù zú xiū, kě xiū zhě shì pín ér wú zhì"（貧乏は恥ずるに足らない。恥ずべきは貧乏して志をなくすことである）と諺に言う。

【用例】

a：小波以前身分不低，也有成绩，怎么现在又赌博又赖帐，简直是变一个人了。

b：这个人顺利时还可以，遇到有了困难，他就一败涂地了。他现在缺钱，所以什么邪事都干得出来。

a：他一点儿也不在乎，这不是成了"马瘦毛长，人穷志短"了吗？

b：有些人就是这样，你有什么办法呢！

a：小波は以前、地位も低くなく、業績もあったのに、どうして今じゃ賭博をしたり借金を踏み倒したりして、別人のようになってしまったんだろう。

b：この人は順調な時はまだいいんだが、困難な状況に出っくわすとすぐケチョンケチョンに参ってしまうんだ。彼はいま金に困っているから、どんな悪事でもやらかす。

a：彼は全く平気でいるんだ。これは「馬は痩せれば毛が長くなり、人は貧すれば志が小さく」なったんじゃないか。

b：よくそういう人がいるけど、どうしようもないじゃないか。

【語注】
赖帐 làizhàng：借金を踏み倒す。　**一败涂地** yī bài tú dì：一敗地にまみれる。完敗する。　**邪事** xiéshì：不正な事。悪事。　**不在乎** bùzàihu：気にかけない。意に介しない。

73. 卖瓜的说瓜甜

Mài guā de shuō guā tián.

瓜売りは瓜が甘いと言う。

【解説】

この後によく対句となって"**卖醋 cù 的说醋酸 suān**"（酢商いは酢が酸っぱいと言う）、"**卖花的说花香 xiāng**"（花売りは花がいい香りだと言う）などが続くことが多い。日本の諺では「手前味噌（を並べる）」「自画自讚」「我田引水」などが相当する。

同種の諺に"**王婆卖瓜，自卖自夸 Wáng pó mài guā, zì mài zì kuā**"（王婆さんが瓜を売る、自分で売って自分でほめる）がある

("王婆"は"老王""王老二"などともいう)。また、反対側から"卖瓜的不说瓜苦 kǔ，卖酒的不说酒薄 báo"(瓜売りは瓜が苦いとは言わない、酒売りは酒が薄いとは言わない)などのように言うこともある。

なお、四字成語では"自卖自夸""自吹自擂 zì chuī zì lèi"(自分でラッパを吹き自分で太鼓を鳴らす)などと言うが、「自画自讃」「我田引水」は用いられない。

【用例】

a：前些天来了位推销化妆品的，说她的商品最适合我的皮肤。我动了心，买了一瓶。
b：效果怎么样？
a：没什么效果，皮肤还开始发痒了。
b："卖瓜的说瓜甜"，买卖人都这样，你可别再上当了。

a：数日前、化粧品セールスの人が来て、彼女の品は私の皮膚にピッタリだと言うの。ついその気になって１瓶買ったのよ。
b：効き目どうだった？
a：何の効果もないどころか、皮膚がかゆくなり出したの。
b：「瓜売りは瓜が甘いと言う」、商売人はみなそうよ。二度とだまされてはいけないわ。

【語注】

推销 tuīxiāo：売りさばく。 **动心** dòngxīn：心を動かす。興味を抱く。 **发痒** fāyǎng：かゆくなる。 **上当** shàngdàng：だまされる。

74. 卖油娘子水梳头

Mài yóu niángzi shuǐ shūtóu.

髪油売りのおばさんが水で髪を梳いている。

【解説】

"娘子"は「中年の女性、おばさん」。自分のものは自分で使わないという喩え。この句はよく"卖肉娘子舔砧头 mài ròu niángzi shì zhēntóu"（肉屋の女房はまな板をなめる）と対になって用いられる。この外に、"卖鞋的赤脚跑 mài xié de chìjiǎo pǎo"（靴売りがはだしで走る）、"卖盐的喝淡汤 mài yán de hē dàntāng"（塩売りが水っぽいスープを飲む）、"种田的吃谷糠 zhòngtián de chī gǔkāng"（お百姓がぬかを食べる）などがある。

これらに相当する日本の諺には、「紺屋の白袴」のほか、「髪結いの乱れ髪」「医者の不養生」「大工の掘っ立て」など少なくない。

フランスでは「靴直しが一番悪い靴をはいている」というそうである。

【用例】

a：期货公司的朋友，老给我打电话，推荐个没完没了，我都动心了。
b：他本人也买了吗？
a：好像没有，据说他特别谨慎。

b：那他这是"卖油娘子水梳头"。小心你的钱，别打了水漂儿。

a：先物取引の会社の友人がいつも電話をして来て、しきりに薦めるので、僕もその気になったんだ。
b：彼自身も買っているのかい。
a：買ってないみたいだ。彼は格別慎重なのだそうだ。
b：それじゃ「紺屋の白袴」だ。自分の金に気を付けなさい、水の泡とならないように。

【語注】
期货公司 qīhuò gōngsī：先物取引の会社。　**推荐** tuījiàn：推薦する。　**没完没了** méi wán méi liǎo：きりがない。　**动心** dòngxīn：気持ちが動く。　**好像** hǎoxiàng：～のようだ。　**据说** jùshuō：聞くところによると。　**谨慎** jǐnshèn：慎重だ。　**打水漂儿** dǎ shuǐpiāor：むだ骨を折る。

75. 满瓶不响，半瓶叮当

Mǎnpíng bù xiǎng, bànpíng dīngdāng.

一杯入った瓶は音を立てないが、半分のはピチャピチャ音がする。

【解説】
内容の充実している人は自ら吹聴するようなことはないが、浅薄な人はとかく自慢したがるものだということの喩えである。"满瓶不摇 yáo，半瓶晃荡 huàngdang"とか"整瓶 zhěng píng 不摇半瓶摇"とか、中味を"醋 cù"（酢）にして"一瓶醋不响，半

瓶醋晃荡"などとも言われる。

日本の諺では、「空樽は音高し」「浅瀬に仇波」とか「能無し犬の高吠え」などが相当しよう。英語も似た表現で"Empty vessels make the most noise."(空の器が最も高い音をたてる)という。

類似の諺に"水深不响，水响不深"があるが、「深い川は静かに流れる」と「浅瀬に仇波」を併せたような表現である。

【用例】
a：杨先生最近写的书，在社会上的反响相当大。
b：是呀，我是看了评论才知道杨先生的学问有那么深。
a：可是，杨先生做事总是那么稳稳当当地，从不多说，也不议论，平常一点也不显眼。
b：你听说过"满瓶不响，半瓶叮当"这句话吧？从杨先生的身上，我可真感到了这句话的分量了。
a：就是！要是学问不多，又要卖弄的话，也只能是"半瓶叮当"了。

a：楊先生が最近お書きになられた本、世間の反響はなかなか大きいようです。
b：そうですね。評論を読んで初めて楊先生の学問の深さを知りました。
a：しかし、楊先生のやり方はいつも穏健で、余計なことは言わず、あげつらうこともせず、平生はすこしも目立ちませんね。
b：「一杯入った瓶は音を立てないが、半分のはピチャピチャ音がする」(空樽は音高し)という言葉を聞いたことありませんか。楊先生のお姿から、私は本当にこの言葉の重みを感じます。
a：全くです。もし学問もないくせにひけらかそうとするなら、せいぜい「瓶半分ピチャピチャ」てなところでしょう。

【語注】

稳当 wěndang:穏健である。堅実である。　**议论** yìlùn:あげつらう。　**显眼** xiǎnyǎn:目立つ。　**分量** fènliang:重み。　**卖弄** màinong:ひけらかす。　**要是…的话**:もしも…ならば。

76. 满招损，谦受益

Mǎn zhāo sǔn, qiān shòu yì.

うぬぼれは損を招き、謙遜は得をする。

【解説】

"满"は"自满"（自己満足。うぬぼれ）のこと。現代的な言い方では、"虚心使人进步，骄傲使人落后 xūxīn shǐ rén jìnbù, jiāo'ào shǐ rén luòhòu"（謙虚は人を進歩させ、高慢は人を落後させる）とか、"虚心学一当十，骄傲学十当一"（謙虚は一を学んで十にさせ、高慢は十を学んで一にさせる）などがある。

この句はもともと『書経』の中の句で、日本でも「満は損を招く」と言われているが用法はいささか異なる。現代通用の類似の諺としては、「自慢は知恵の行き止まり」「自慢高慢馬鹿の内」などがある。中国語に引き当てれば、前者は"自满是智慧的尽头 zìmǎn shì zhìhuì de jìntou"、後者は"骄者愚 jiāo zhě yú，愚者骄"などが挙げられようか。

【用例】

a:小王设计的作品真不错，评委一致给了满分儿。

b:是呀，的确是好。诶，小李的作品分儿可不高啊，按说，他的能力可不低。

a：你不知道，小王特别谦虚，谁的意见他都听，听了还认真考虑。小李平常挺傲的，别人的话听不进去。
b：我明白了，小王是沾了"满招损，谦受益"的光了。
a：就是这么回事嘛！

a：小王(シアオワン)がデザインした作品は全く素晴らしくて、審査委員は一致して満点を出した。
b：そう、確かにいい。あれっ、小李(シアオリー)の作品の点は高くないね。本来なら、彼の力は決して低くないのだが。
a：君は知らないんだ。小王は格別謙虚で、彼は誰の意見でも聴く。聴いたら真面目に考える。小李は平素傲慢で、人の言うことが耳に入らないんだ。
b：分かった。小王は「うぬぼれは損を招き、謙遜は得をする」の恩恵にあずかったんだ。
a：そういう事さ。

【語注】
　评委 píngwěi："评审委员 píngshěn wěiyuán"の略。審査委員。**的确** díquè：確かに。　**诶** é：いぶかしい気持ちを表わす感嘆詞。**按说** ànshuō：本来から言うと。　**认真考虑** rènzhēn kǎolǜ：真面目に考える。　**挺傲** tǐng ào：非常に傲慢だ。**沾光** zhānguāng：お陰を被る。

77. 猫哭耗子

Māo kū hàozi.

猫が鼠のために泣く。

【解説】

"耗子"は"老鼠 lǎoshǔ"ともいう。この句の後にはよく"假慈悲 jiǎ cíbēi"（偽の慈悲）と続く歇後語式の諺。冷酷残忍な人がうわべだけ慈悲深く見せかける喩えである。日本の諺では「鬼の空涙」「鬼の空念仏」が当るだろう。

類似のものに、"老虎头上挂佛珠 lǎohǔ tóushang guà fózhū"（虎の首に数珠を掛ける）、"老虎戴 dài 念珠儿 niànzhūr"（同上）とか、"嘴里念弥陀，心赛毒蛇窝 zuǐli niàn mítuó, xīn sài dúshéwō"（口では阿弥陀仏を唱え、心は毒蛇の巣よりもひどい）、また"菩萨面，蝎子心 púsa miàn, xiēzi xīn"（顔は菩薩様、心はサソリ）などがある。本書 48. "黄鼠狼给鸡拜年"も同類の諺である。

【用例】

a：王军的欢送会上，小龙发言时眼泪汪汪的，还真动了感情。
b：那是"猫哭耗子"的事，小龙早就盼着这一天呢！
a：怪不得，有的人一边听一边乐。我还直纳闷儿呢！
b：你才来几天，还不知道这里的事儿。

a：王軍の歓送会で、小龍が発言したとき目に涙をいっぱい浮べて、感情も本当に高ぶっていたわ。
b：あれは「猫が鼠のために泣く」という事、小龍はもう早くからこの日を待ち望んでいたのよ。
a：道理で、人によっては聞きながら笑っていたわけね。私はず

っと腑に落ちなくていたの。
b：あなたはいらしてから日が浅いから、まだここの事は分からないでしょう。

【語注】

眼泪汪汪的 yǎnlèi wāngwāng de：涙が目にいっぱいたまっている。　**动感情** dòng gǎnqíng：感情を高ぶらせる。　**怪不得** guàibudé：道理で。それもその筈。　**乐** lè：おかしくて笑う。　**直纳闷儿** zhí nàmènr：ずっと納得がいかない。

78. 没有高山，不显平地

Méiyou gāoshān, bù xiǎn píngdì.

高い山がなければ平地は目立たない。

【解説】

物事の程度は相対的なもので、比較を通して初めてその物の真価が分かるということである。"**没有高山**"は"**不见高山**""**不上高山**"ともいう。

類似の表現に"**无丑不显俊** wú chǒu bù xiǎn jùn"（醜がなければ美は目立たない）、"**无咸不成甜** wú xián bù chéng tián"（塩味がなければ甘味は際立たない）などがある。

また、趣旨はやや異なるが、"**红花还得绿叶扶** hónghuā hái děi lǜyè fú"（赤い花も緑の葉の助けが要る）も対比によっている。

これらに比べて、日本の諺には気の利いたものがなかなか見あたらない。せいぜい「馬鹿があればこそ利口が引き立つ」ぐらいのものであろうか。

【用例】

a：李雯以前老对儿媳妇小芳不满意，总觉得不如自己的女儿好。最近，可知道儿媳妇不错了。

b：为什么呢？

a：她出了一次交通事故，躺了半个月。小芳床前床后地伺候她，对她简直是一百一了。

b：她女儿呢？

a：就到医院去照了个面儿，就不见影儿了。李雯现在见谁都夸她的儿媳妇。

b：这就叫"没有高山，不显平地"嘛，总得比较比较才能知道谁是真好。

a：李雯(リーウェン)は以前ずっと息子の嫁の小芳(シアオファン)に不満で、自分の娘には及ばないと思っていたけど、最近は嫁も悪くないと分かったのね。

b：どうして。

a：彼女一度交通事故に遭って、半月寝たの。小芳は床につきっきりで世話をして、全く申し分なかったわ。

b：自分の娘は？

a：病院に行ってちょっと顔を見せただけですぐ姿を消してしまったの。李雯はいま誰を見ても嫁をほめているわ。

b：それこそ「高い山がなければ平地は目立たない」だわね。やはり比べて見なければどちらが本当に好いか分からないものね。

【語注】

不如 bùrú …好：…の好さには及ばない。　**床前床后地**：ベッドにつきっきりで。　**一百一**：十二分。申し分ない。　**照个面儿 zhào**

ge miànr：ちょっと顔を出す。

79. 木匠多了盖歪房

Mùjiang duōle gàiwāi fáng.

大工が多いと家が歪んで建つ。

【解説】

指図する者が多過ぎると方針の統一がとれず、仕事がとんでもない方向に進んでいってしまうことの喩えである。日本の諺では「船頭多くして船山へ登る」に相当する。

同類のものに"艄公多了打烂船 shāogōng duōle dǎlàn chuán"、"艄公多，撑翻 chēngfān 船"（船頭が多すぎて船がひっくりかえる）とか、"兽医 shòuyī 多了治死牛 zhìsǐ niú"（獣医が多すぎて牛を死なせてしまう）などがある。

英語では "Too many cooks spoil the broth."（料理人が多過ぎるとスープを駄目にする）といい、ギリシャでは「水先案内人が多過ぎると船が沈む」というそうである。

【用例】

a：这次咱们商场扩建，是不是多请些人来商量商量？
b：我看适当地请几个就成了。俗话说，"木匠多了盖歪房"，要是意见纷纷的，你不知道该听谁的好了。
a：你这话也有理。就请几个对咱们的业务比较熟的人来，你看怎么样？
b：我看可以，就这么办吧。

a：今回わがマーケットの建て増しには、多くの所に頼んで相談してはどうでしょう。

b：適当な所二三に頼めばいいんじゃないか。諺にも「船頭多くして船山へ登る」と言う。もしも意見が色々だったら、誰の意見を聞いたらいいか分からない。

a：あなたの言うのももっともだ。うちの業務に比較的明るい何人かに頼んではどうだろうか。

b：結構です。そうしましょう。

【語注】

扩建 kuòjiàn：拡張する。　**纷纷** fēnfēn：入り乱れる。色々である。

80. 拿着金碗讨饭吃

Názhe jīnwǎn tǎo fàn chī.

金の碗を持って乞食をする。

【解説】

"讨"は「求める、乞う」の意。せっかくの宝物を持ちながら利用しないこと、すぐれた才能や手腕を持ちながら、それを活用できないことをいう。"拿着"は"端着 duānzhe"（平らに持つ）、"讨饭"は"要饭"ともいう。日本の諺では「宝の持ち腐れ」に

当るだろう。

類似の諺に、"放着干粮饿肚子 fàngzhe gānliáng è dùzi"（乾し飯をほっといて腹を空かせている）とか、"枕着烙饼挨饿 zhěnzhe làobǐng ái è"（ラオピンを枕にしてひもじい思いをしている）などがある。

何が宝か。「用にかなえば宝なり」というが、中国でも"用得着是宝 yòngdezháo shì bǎo，用不着是草"（使い道があれば宝、使い道がなければ芥）という。

【用例】

a：老李的医术可好了，国内都是有名的。
b：那他现在为什么当楼房管理人呢？
a：他没这儿的行医资格，只能干这行。
b：这可没办法了，他就"拿着金碗讨饭吃"吧。

a：老李の医術は大したもので、国内でも有名だ。
b：では彼は今なぜビルの管理人をしているのだね。
a：彼はこちらでの医師開業資格がなくて、この仕事しかできないんだ。
b：それじゃ仕方ない。「宝の持ち腐れ」だね。

【語注】

可…了：本当に…だ。　**楼房管理人** lóufáng guǎnlǐrén：ビル管理人。　**行医资格** xíngyī zīgé：医師を開業する資格。　**干这行** gàn zhè háng：この職をする。

81. 泥菩萨过河，自身难保

Ní púsa guò hé, zìshēn nán bǎo.

泥の菩薩が川を渡るで、自分の身が危うい。

【解説】

泥で作った菩薩が川に入ればとけてしまって自身さえ危ういのに、人のことなんかかまっていられないということである。

類似のものに"泥菩萨过河，自顾不暇 zì gù bù xiá"（…、自らを顧みる暇がない）、"稻草人儿救火 dàocǎorénr jiùhuǒ, 自身难保"（かかしが火消しをする、…）などがあり、また"自己的坟还哭不过来呢 zìjǐ de fén hái kūbuguòlai ne"（自分の墓参りもまだ出来ていない）というのもある。

これらに相当する日本の諺はどうであろうか。「土仏の水遊び」「土人形の水遊び」があるが、これは自分で自分の身を滅ぼすようなことをする、無謀なことをする喩えであり、ニュアンスが少し異なるようである。

【用例】

a：我想搞这个设计，好好干干。你说我找王总给我推荐一下成吗？

b：大概够呛，王总最近有点儿麻烦事，恐怕是"泥菩萨过河，自身难保"。

a：什么事？

b：工程出了点儿事故，施工问题还是设计问题，还不清楚。

a：僕はこの設計をしっかりやりたいと思っているんだ。王技師長に僕を推薦してくれるよう頼もうと思うのだが、いいだろ

うか。
b：多分どうにもならないだろう。王技師長は最近厄介事があって、恐らく「自分の尻にも火がついている」んじゃないか。
a：何の事だい？
b：工事にちょっと事故が出たんだ。施工の問題かそれとも設計の問題か、まだはっきりしないんだ。

【語注】

王总 Wáng zǒng：王技師長。　**推荐** tuījiàn：推薦する。　**够呛** gòuqiàng：大変だ。どうしようもない。　**麻烦事** máfanshì：面倒な事。　**恐怕** kǒngpà：恐らく…だろう。　**工程** gōngchéng：工事。

82. 念完了经打和尚

Niànwánle jīng dǎ héshang.

経を読み終ったら和尚を殴る。

【解説】

人に頼むだけ頼んで、目的を達したら恩誼を忘れてしまうことの喩えである。日本では「病治って薬師忘る」というが、これは中国の"病好打太医 tàiyī"（病が治ったら医者を殴る）の転来であろうか。

同類の諺に、"过了河儿就拆桥 guòle hér jiù chāi qiáo"（川を渡ったらすぐ橋を取り壊す）とか、"过桥抽板 guò qiáo chōu bǎn"（橋を渡ったら橋板を引き抜く）、"拉完磨杀驴 lāwán mò shā lú"（石臼を挽き終わるとロバを殺す）などがある。

「暑さ忘れりゃ蔭忘れる」「喉元過ぎれば熱さを忘れる」ほどの

意味であれば、"吃了果子忘记 wàngjì 树"とか、本書 41. の"好了疤癞忘了疼"あたりが相当するだろう。

【用例】
a：以前，小王没辙的时候，可没少到我这里来，求我给他想办法。
b：我也听说你给他帮了大忙。现在呢？
a：现在他发了，不但不来了，还和人家说不知道我这个人！
b：这不是"念完了经打和尚"吗？
a：真是知人知面不知心啊！

a：<ruby>小王<rt>シアオワン</rt></ruby>は以前どうにもならない時、しょっちゅう私の所に来て何とかしてくれないかと頼んでいたんだ。
b：私もあなたが随分彼を助けてやったことを聞いていますよ。今はどうです？
a：今彼が金持ちになったら、来なくなったばかりでなく、人に私のことなんか知らないなんて言っているんですよ。
b：それじゃ「経を読み終わったら和尚を殴る」じゃないですか。
a：本当に人の心は測り難いものですね。

【語注】
  没辙 méizhér：どうしようもない。　**没少〜**：しょっちゅう〜する。　**发** fā：金持ちになる。　**知人知面不知心**：《諺》人を知るのに外面はすぐ分かるが心の中は分からない。

83. 娘想儿长江水，儿想娘扁担长

Niáng xiǎng ér Chángjiāng shuǐ, ér xiǎng niáng biǎndan cháng.

母が子を思う心は長江の水、子が母を思う心は天秤棒の長さ。

【解説】

"娘"は「母親」、"儿"は"娘"に対して「子供」の意。"扁担"は「天秤棒」。

母親は子供のことをいつまでも気に掛けているが、子供は母親をさほど思わないということ。他に"娘想儿流水 liúshuǐ 长，儿想娘筷子 kuàizi 长"ともいい、また"娘肚内有子，子肚内没娘"ともいう。

わが国の諺では、「親の思うほど子は思わぬ」とか、「親思う心にまさる親心」という吉田松陰の辞世の歌の句がよく知られている。

「親の心子知らず」というが、中国でも、"儿大不由娘"、"女大不认娘"といい、子供たちが母親の言うことを聞かないことを嘆く諺は少なくない。

【用例】

a：小刘离家好几年了，听说他回来了？
b：回来倒是回来了，可是没住几天，他就不着家了。
a：他妈他他想得都病了，他还不老老实实在家多陪陪他妈？
b："娘想儿长江水，儿想娘扁担长"，娘是娘，儿是儿啊！

a：小刘(シアオリュウ)は何年も家を出ていたが、戻って来たそうだな。

b:帰るには帰ったが、幾日もしないうちにもう家に居着かないんだ。

a:母親は心配の余り病気になったが、彼はおとなしく家にいて母親に付き添ってやれないのか。

b:「親の思うほど子は思わぬ」で、母親は母親、子は子なんだ。

【語注】

好几年了:何年にもなる。 **〜倒是 dàoshi 〜**:〜であることは〜であるが。 **不着家 bù zhuó jiā**:家に居着かない。 **老老实实地 lǎolaoshíshíde**:おとなしく。誠実に。 **陪 péi**:付き添う。

84. 爬得高跌得重

Páde gāo diēde zhòng.

高く昇るほど落ち方もひどい。

【解説】

"爬"は"攀 pān"（昇る）、"跌"は"摔 shuāi"（転ぶ）ともいう。地位が高くなるほどつまずいて落ちる時は惨めであるということ。**"爬得越高，摔得越重"**、**"登高必跌重"**などとも言う。わが国の諺大辞典には「登ることいよいよ高ければ落つることいよいよ深し」が見えるが、これは多分中国からの転来であろう。14世紀元代の戯曲『趙氏孤児』の中でこの諺はすでに用いられている。

早すぎる出世のため失脚したときの反動が大きすぎないように、わが国にも「馬に乗るまでは牛に乗れ」と、高い地位につくには順々に段階を踏んでいくのがいいとする諺がある。

【用例】

a：小沈的官儿升得也太快了，前年还是科长，今年怎么成了局长了？

b：这是部长的提拔，你有什么办法？

a：部长马上要退休了，他也有点悬吧？

b：可不！要是新部长看他不顺眼，也够他一呛。

a：是啊，"爬得高跌得重"啊！还不如老老实实地在下面呢。

a：小沈(シアオシェン)の官職は昇進がいやに早い。おととしまだ科長だったのに今年はどうして局長になったんだろう？

b：これは部長の抜擢だよ。どうしようもないだろう？

a：部長はもうすぐ定年退職だ。彼もすこし危ないんじゃないか。

b：その通り。もしも新しい部長が彼を気に入らなければ、彼はたまったもんじゃない。

a：そう。「高く昇るほど落ち方もひどい」のだ。やっぱりおとなしく下にいた方がいいね。

【語注】

提拔 tíbá：抜擢。 **退休** tuìxiū：定年退職する。 **悬** xuán：危ない。"玄"とも書く。 **不顺眼** bù shùnyǎn：気に入らない。 **够呛** goùqiàng：大変だ。たまらない "够他呛" で「彼にとって～」の意。

85. 胖子不是一口吃的

Pàngzi bù shì yī kǒu chī de.

デブも一口食べて太ったのではない。

【解説】

事は一朝一夕にしてなるものではなく、結果は長い間の積み重ねでできるものだということ。"一口吃不成个胖子"（一口でデブは出来上がらない）ともいう。日本では西洋からの転来で「ローマは一日にして成らず」という。類句に"一锹挖不出一口井 yī qiāo wābuchū yī kǒu jǐng"（一掘りで井戸は掘れない）、"一斧子砍不倒大树 yī fǔzi kǎnbudǎo dàshù"（一斧で大木を切り倒すことはできない）などの外、古くからの諺に"千里之行，始于足下 qiānlǐ zhī xíng, shǐyú zúxià"（千里の行も足下に始まる）、"冰冻三尺非一日之寒 bīngdòng sānchǐ fēi yīrì zhī hán"（三尺の厚さの氷は一日の寒さによるものではない）などもある。

【用例】

a：今年没怎么好好上课，快考试了，你看我突击一下，有没有希望过去？

b：这可比较难。老师说考全学年学的内容，就剩几天了，"胖子不是一口吃的"，你自己估量一下吧。

a：真倒霉，看来得留级了。

a：今年はあまりちゃんと授業に出なかったが、もうすぐ試験だ、猛スパートをかけたらパスする見込みがあると思うかい？

b：それはかなり難しいね。先生は一年間に学んだことを全部試験すると言っていた。あと残り数日だけ、「ローマは一日に

してならず」と言うからな、自分で考えて見給え。
a：本当についていない。どうやら留年しなければなるまい。

【語注】
快…了：もうすぐ…だ。 **突击** tūjī：突貫作業をする。スパートをかける。 **估量** gūliang：見積もる。判断する。

86. 骑马也到，骑驴也到

Qí mǎ yě dào, qí lǘ yě dào.

馬に乗っても着くし、驢馬に乗っても着く。

【解説】
馬と驢馬では、歩みに速い、遅いの差はあっても、行き着く所は同じ。つまり、手段方法は異なっても結果は同じであることの喩えであり、物事はあせせるなということである。

わが国の諺では、「牛も千里馬も千里」とか「早牛も淀遅牛も淀」という。

同じ様な諺に"**紧** jǐn 走一百，**慢** màn 走八十"（急いで行っても百里、ゆっくり行っても八十里、大して変わらない）がある。また、"**紧走赶不上慢不歇** jǐnzǒu gǎnbushàng màn bù xiē"（早足

はゆっくり休まずにはかなわない）は兎と亀の競走の話を思わせる。

モロッコの諺に「ゆっくりは神ゆずり、急ぐのは悪魔ゆずり」というそうだが、世界には急ぐことを罪悪視する文化も少なくないのである。

【用例】
a：我孩子学开车比较慢，看别人都会了，他特着急。
b：这可不是着急的事，慢慢练，能会的。
a：我也这么说，可他好像有点儿悲观。
b：没关系，你告诉他，"骑马也到，骑驴也到"，反正最后怎么也能拿到执照。

a：うちの子は車の運転を覚えるのが遅くて、他の人がみな出来るようになったのを見て、すっかり焦っているんだ。
b：でもこれは焦るような事ではない。ゆっくり練習すれば出来るようになるさ。
a：僕もそう言うんだけど、彼はどうも悲観的なんだ。
b：大丈夫、「早牛も淀遅牛も淀」と言ってやればいい。どのみち最後にはどうしたって免許は取れるさ。

【語注】
着急 zháojí：焦る。　**好像有点悲观** bēiguān：どうやら少し悲観しているようだ。　**反正** fǎnzhèng：どうせ。　**拿到执照** nádào zhízhào：免許を取得する。

87. 巧妇难做无米之炊

Qiǎofù nán zuò wú mǐ zhī chuī.

器用な嫁も米がなければ飯は炊けない。

【解説】

"巧妇"は"巧媳妇 xífù"とも、"无米之炊"は"没米粥 méi mǐ zhōu"ともいう。いくら有能な者でもそれなりの条件が整っていなければ仕事はできないということである。日本の諺では「無い袖は振られぬ」が相当する。

類句に"巧姑娘难绣没线花 qiǎo gūniang nán xiù méi xiàn huā"（器用な娘も糸がなければ刺繡はできない）がある。

この諺に当たるものを西洋では「毛のない悪魔の髪はとかせない」（フランス）、「禿頭から髪の毛は引き抜けない」（ドイツ）などというそうだが、中国で強いて挙げれば"和尚梳辫子 héshang shū biànzi"（坊主が辮髪を結う）、"和尚梳头"（坊主が髪をすく）といったところであろうか。

【用例】

a：我朋友要结婚，你能不能帮帮忙，找个便宜的饭店举行结婚仪式呢？

b：你的预算是多少呢？

a：五十个人，每个人二十块。

b：啊？这点儿钱和不花钱差不多了。我没办法。

a：你的路子广，求求你了。

b：没办法，没办法！"巧妇难做无米之炊"。你还是和你那位朋友说说，让他多花点儿钱，然后咱们再商量吧。

a：友人が結婚するんだが、どこか安いレストランで結婚式を挙げられるよう力になってくれないか。
b：そちらの予算はいくらだい。
a：50人、一人20元だ。
b：えっ？ それっぱかりじゃ金を使わないのと変わらないじゃないか。どうしようもない。
a：君はコネが広い、お願いするよ。
b：ダメだ、無理だね。「無い袖は振られぬ」だ。やはりその友だちに言って、もうすこし金を出させるようにしてからまた相談しよう。

【語注】

路子 lùzi：手づる。コネ。　**多花点儿钱**：すこし余計に金を出す。

88. 千里送鹅毛，礼轻人意重

Qiānlǐ sòng émáo, lǐ qīng rényì zhòng.

遠方から鵞毛が届けられた、物は軽いが気持ちは重い。

【解説】

"鹅毛"は「鵞鳥の羽毛」、"礼"は「贈り物」の意。はるばる遠方から鵞毛が届けられた、たとえ微々たる贈り物であっても真心がこもっているという意味で、物はその中身よりも、それを贈ってくれた人の心持ちが嬉しいというのである。"千里送鸿毛 hóngmáo，礼轻仁义 rényì 重"ともいう。類似の句に"瓜子不饱暖人心 guāzǐ bù bǎo nuǎn rénxīn"（瓜の種では腹は一杯にならな

いが、人の心を暖めてくれる）がある。

わが国では「気は心」のほかに、「米の飯より思し召し」とか、「食うた餅より心持ち」などがよく使われている。

【用例】
a：你自言自语地像是发牢骚，怎么了？
b：小王郑重地叫我带份礼物送给他的老师，大信封，挺漂亮。我小心翼翼地从中国给他带到了美国，拆开一看，只是几张剪纸！
a：这是"千里送鹅毛，礼轻人意重"。又有特点，又代表心意，挺好！

a：独り言でぐちをこぼしているようだけど、どうしたんだ？
b：小王(シアオワン)が改まって私に彼の先生に贈り物を持って行ってほしいというんだ。大きな封筒で、すごくきれいなんだよ。私はおそるおそる彼のために中国からアメリカまで持って行ったんだが、開けて見ると、ただ数枚の切り紙だけさ。
a：それは「気は心」だ。ユニークだし、真心がこもっていて、素晴らしいよ。

【語注】
自言自语 zìyánzìyǔ：独り言を言う。 **发牢骚** fā láosāo：ぐちをこぼす。 **像是…**：…のようだ。 **小心翼翼地**：慎重に。おそるおそる。 **拆开** chāikāi：封を切る。 **有特点** yǒu tèdiǎn：ユニークだ。 **代表心意** dàibiǎo xīnyì：気持ちがよく表われている。

89. 千里姻缘一线牵

Qiānlǐ yīnyuán yī xiàn qiān.

千里離れていても男女の縁は一本の糸で結ばれている。

【解説】

古代伝説に、月下老人という仙人が一本の赤い糸で夫婦の縁をもつ二人の男女を結びつけていて、どんなに遠く離れていても二人は結ばれるという。類似の諺に、"有缘千里来相会，无缘对面不相逢 yǒu yuán qiānlǐ lái xiānghuì, wú yuán duìmiàn bù xiāngféng"（縁があれば千里離れていても一緒になるが、縁がなければ向かいにいても会うことがない）がある。

わが国の諺でも、「合縁奇縁」とか「縁は異なもの（味なもの）」といって、男女の結ばれる縁は理屈では割り切れない不思議なものであることが説かれている。西洋でも、「結婚は神によりて計画されしもの」（ラテン）とか、「縁組みは天でなされる」（ドイツ）などと言われている。

【用例】

a：电视中报导，有位欧洲姑娘嫁了一位山东农村的小伙子。
b：怎么认识的？
a：山东小伙出国务工，一眼就被那位姑娘相中了。
b：这可真是"千里姻缘一线牵"了。

a：テレビ報道によると、欧州の娘さんが山東の農村の若者に嫁いだそうだ。
b：どうやって知り合ったんです？

a：山東の若者が外国に働きに行っていて、一目でその娘に惚れられたんだ。
b：それは本当に「縁は異なもの味なもの」ですね。

【語注】
报导 bàodǎo：報道する。　**小伙子** xiǎohuǒzi：若者。　**认识** rènshi：知り合う。　**务工** wùgōng：仕事をする。　**相中** xiāngzhòng：気に入る。

90. 千里之堤，溃于蚁穴

Qiānlǐ zhī dī, kuì yú yǐxué.

千里の堤も蟻の穴から崩れる。

【解説】
小さな誤りや僅かな隙から大事を引き起こしたり失敗したりすることがあるという喩えである。中国の古典中に見える諺で、日本に転来した後、通俗的には「千里の堤も蟻の穴から」とか「蟻の穴から堤の崩れ」とか言う。中国でも俗諺では"蚂蚁洞虽小，能溃千里堤 máyǐdòng suī xiǎo, néng kuì qiānlǐ dī"（蟻の穴は小さいけれども千里の堤を崩す事ができる）という。

類句に、"大船沉没，原由小孔 dàchuán chénmò, yuán yóu xiǎokǒng"（大船が沈むのも元は小さな穴から）、"大船还怕钉眼漏 dàchuán hái pà dīngyǎn lòu"（大船も釘穴の漏れが恐ろしい）、"星星之火，可以燎原 xīngxīng zhī huǒ, kěyǐ liáo yuán"（小さな火花でも広野を焼き尽くすことができる）などがある。

【用例】

a：前天犯了一个不可饶恕的大错误，准备了一年的一个资格考试考砸了！
b：你没准备好吧？
a：不是，我着着实实地准备了一年，答得也好，我满意极了。
b：那你怎么了？
a：我忘了写名字，结果试卷不算数儿了。怎么想怎么窝囊。
b：你怎么搞的？这不是"千里之堤，溃于蚁穴"吗？

a：おとといは許せない大失策をしでかして、1年間準備した資格試験をフイにしてしまった。
b：ちゃんと準備してなかったの？
a：いや、1年間着々と準備して、答えもできて大満足だったんだが。
b：じゃどうしたんだ？
a：名前を書くのを忘れて、結果は答案が無効になったのさ。どう考えても悔しくてたまらん。
b：なんということをしたんだ。それじゃ「千里の堤も蟻の穴から」じゃないか。

【語注】

砸 zá：だめになる。おじゃんになる。　**着着实实地** zhúozhuoshíshíde：着実に。しっかりと。　**算数儿** suànshùr：有効と認める。　**窝囊** wōnang：悔しくてたまらない。くさくさする。

91. 前事不忘，后事之师

Qiánshì bù wàng, hòushì zhī shī.

前事を忘れざるは後事の師なり。

【解説】

前の経験を忘れなければ後のための教訓となるということである。同類の諺に"前车覆，后车戒 qiánchē fù, hòuchē jiè"（前車の覆るは後車の戒め）がある。前人の失敗は後人の戒めとなるということの喩えである。いずれも中国の古い歴史書に見える句であり、早くに日本に転来し、「前車の轍」「後車の戒め」などの成句で使われている。

俗諺としては、"前人踬，后人戒 qiánrén zhì, hòurén jiè"（前人のつまずきは後人の戒め）とか、"前人失脚 shījiǎo, 后人把滑 bǎhuá"（前の人が足を踏みはずすと後の人は滑らないようにする）などがあり、わが国では「人のふり見て我がふり直せ」や「昨日は人の上今日は我が上」などが近いであろうか。

【用例】

a：翠玲结了三次婚，没遇见一个好人，真是够可怜的。

b：她总是要找帅的，找的这几个都是只看外表，怎么和她说"前事不忘，后事之师"的道理，她都听不进去，那还不接着吃亏！

a：是呀，只要给她说几句好话，她马上就心软了，把以前的事忘得干干净净。

b：可怜是可怜，但是她这样下去的话，恐怕还得吃亏。

a：翠玲（ツォエリン）は3度結婚して1人も良い人に出会えず、本当に可哀想だわ。

b：彼女はいつも格好いい人ばかりさがして、さがした人はみな上辺(うわべ)だけ見て、いくら彼女に「前事を忘れざるは後事の師」の道理を説いても聞き入れないんだから、また続けて馬鹿を見るんじゃないかしら。

a：そうね。彼女にちょっとお世辞を言うとすぐその気になってしまって、前の事はケロリと忘れてしまうんだから。

b：可哀想は可哀想だけれど、このままいったら、恐らくまた馬鹿を見るわね。

【語注】

够 gòu **～的**：全く～だ。　**帅的** shuàide：格好いい人。ハンサムな人。　**接着** jiēzhe：続けて。　**吃亏** chīkuī：損をする。馬鹿を見る。**只要…就…**：…しさえすればすぐ…。　**心软** xīnruǎn：情にもろい。心を動かされやすい。　**忘得干干净净** wàngde gānganjìngjìng：すっかり忘れる。　**这样下去**：このまま続けていく。　**…的话**：…ならば。

92. 亲是亲，财是财

Qīn shì qīn, cái shì cái.

親は親、銭は銭。

【解説】

"亲"は「親(おや)」に限らず「身内」を言う。身内の間でも銭金については別だということ。わが国でも「親子の仲でも金は他人」「金に親子はない」などという。

類似の諺は中国にも多い。"亲虽亲，财帛 cáibó 分"（身内でも

金銭は別)、"亲兄弟，明算帐 míng suànzhàng"（実の兄弟でも勘定は別々）"兄弟虽和勤算数 xiōngdì suī hé qín suànshù"（兄弟仲好くても勘定は几帳面に）等々。

"同桌吃饭，各自还钱 gèzì huán qián"（一緒に食事をしても、勘定は銘々）という諺はあるにはあったが、中国人同士めったに割勘の情景は見られない。今回あちらなら、次回はこちらというのが交際のきまりである。

【用例】

a：我妈说，现在都成家了，叫我们兄弟姐妹在经济上分清点儿，别混在一起了。
b：你妈说得对，是得这样。
a：对什么对呀，我觉得这样一来互相都生分了。
b：你还是太年轻了。"亲是亲，财是财"，分得清，以后的关系就好处。

a：母が言うには、今はみな世帯を持ったんだから、兄弟姉妹が家計の区別をはっきりさせて、一緒くたにしてはいけないですって。
b：お母さんのおっしゃる通りだわ。ぜひそうしなくちゃ。
a：何がその通りなの？　私はこうするとお互い疎遠になってしまうと思うの。
b：あなたはまだ若いのね。「金に親子はない」で、はっきり分けておいた方が、後の関係がうまく行くわ。

【語注】

成家了 chéngjiā le：世帯を持った。　**经济上分清点儿** jīngjì shang fēnqīng diǎnr：経済的にけじめをつける。　**混在一起** hùnzài yìqǐ：

一緒くたにする。**这样一来**：一旦このようにすると。**生分** shēng-fen：隔りができる。疎遠になる。　**好处** hǎochǔ：処しやすい。うまくいく。

93. 清官难断家务事

Qīngguān nán duàn jiāwùshì.

りっぱな判官でも家庭問題はさばき難い。

【解説】

家庭内のもめ事はなかなか複雑であって、他人が介入すべきではないということである。"清官难审 shěn 家庭案 jiātíng'àn"も同じ意味である。

どこの家にも厄介な問題はあるもので、それを"家家都有一本难念的经 nán niàn de jīng"と言い、家のボロは外部に出さぬようにというのを"家丑不可外扬 jiāchǒu bùkě wàiyáng"（家の恥は外に出してはならぬ）と言い、さらに"家里事，家里了 jiālǐ shì, jiālǐ liǎo"（家の中の事は家の中でけじめをつけよ）と言う。

なお、"清官"に対して貪官汚吏を"贪官 tānguān""赃官 zāng-guān"といい、"赃官不打送礼人 sònglǐ rén"（貪官は贈り物する人を打たない）という辛辣な諺もある。

【用例】

a：昨天王桂的爱人到我们家哭了一通，说王桂怎么怎么不好。我们特别同情她，我爱人都想去把王桂臭骂一通！

b：那可不行！"清官难断家务事"，两口子的事很难说得清。

a：就是嘛！幸亏没去。

b：怎么了？
a：今天一早，他们两口子手挽手地到公园玩儿去了！
b：要是搀进去了，可是真麻烦了！

a：きのう王桂(ワンクイ)の奥さんは私の家に来て泣いて、王桂の色々悪い所を話したのよ。私たちすっかり同情して、家の人でさえ王桂をどなりつけに行くと言ったほどだわ。
b：それはいけないわ。「清官でも家庭問題はさばき難い」で、夫婦の事はよく分からないわよ。
a：そうそう。幸い行かなかったけど。
b：それでどうなったの。
a：きょうは朝からあのお二人さん手をつないで公園に遊びに行ったわ。
b：もしも口を差し挟んだりしていたら、それこそ面倒な事になっていたわよ。

【語注】
　一通 yītòng：ひとしきり。　臭骂 chòumà：口汚くののしる。　幸亏 xìngkuī：幸い。　手挽手地 shǒuwǎnshǒude：手に手をとって。 搀进 chānjìn：中に割って入る。口を差し挟む。

94. 情人眼里出西施

Qíngrén yǎnli chū Xī Shī.

恋人の目には西施のような美人が現われる。

【解説】

西施は春秋時代「越」の国の美女。ひいき目で見れば醜いものでもみな美しく見えるものだという意味。"西施出在情人眼"とも、"情人眼里有影壁 yǐngbì"（恋人の目の中には目隠しがある）ともいう。日本の諺では「惚れた目にはあばたもえくぼ」が相当する。

類似の諺に、"心相怜，马首圆 xīn xiāng lián, mǎshǒu yuán"（好いた仲、馬の顔も丸い）、"心诚怜，白发玄；情不怡，艳色嗤 xīn chéng lián, báifà xuán; qíng bù yí, yànsè chī"（ほんとに好きなら、白髪も黒い；好きじゃないなら、美女も醜い）などがある。

日本では「愛してみれば鼻欠けもえくぼ」「禿が三年目につかぬ」などもよく使われる。

【用例】

a：上次给小冯介绍的那位他不满意，这次他自己找的别提多难看了！
b：我看见了。确实，难看得够点儿水平了。
a：虽然说"情人眼里出西施"，可怎么也不能理解他是怎么想的。
b：只要他觉得好不就成了吗？你少说点儿吧！

a：この前小馮(シアオフォン)に紹介した人を彼は気に入らず、今回自分でさがした人はブスだったらありやしない。
b：見たよ。確かにブスもいいところだね。
a：「惚れた目にはあばたもえくぼ」と言うけれど、彼が何を考

えているんだかどうしても分からないね。
b：彼が好いと思っていさえすればいいじゃないか。あまり口出ししない方がいいぞ。

【語注】

別提 biétí …：…ったらない。…だのなんのって。　**…得够点儿水平** gòu diǎnr shuǐpíng：十分…だといえる。

95. 穷汉赶上闰月年

Qiónghàn gǎnshàng rùnyuè nián.
貧乏人が閏月のある年に巡り合う。

【解説】

旧暦では5年に2回の割で閏月があるという。これは貧乏人にとっては有り難くないこと。全く「弱り目に祟り目」「泣き面に蜂」、困っている時に重ねて不運に見舞われる喩えである。

類似の諺に、"屋漏更遭连夜雨，船破又遇顶头风 wū lòu gèng zāo liányè yǔ, chuán pò yòu yù dǐngtóu fēng"（家が雨漏りするところへ連日の雨に遭い、船が水漏りするところへ向かい風に遭う）とか、"才被雷打，又挨火烧 cái bèi léi dǎ, yòu ái huǒ shāo"（雷に打たれたばかりで、また火事に遭って焼かれる）などのほか、"福无双至，祸不单行 fú wú shuāng zhì, huò bù dān xíng"（福は並んで来ない、禍はひとりではやって来ない）もある。

【用例】

a：听说公司不景气，今年奖金又少了。

b：是呀，我也听说了。
a：我三个孩子都在上大学，交学费真是有点头疼了。
b：我也是，房子贷款还没交完呢。简直是"穷汉赶上闰月年"了！

a：聞くところによると、会社は不景気で、今年もボーナスがまた減るそうだ。
b：そう、僕も聞いた。
a：私は3人の子がみな大学に行っていて、学費を納めるのが本当に頭が痛い。
b：僕もだ、家のローンもまだ完済していない。全く「泣き面に蜂」だ。

【語注】

不景气 bùjǐngqì：不景気だ。　**奖金** jiǎngjīn：賞与。ボーナス。　**有点头疼** yǒudiǎnr tóuténg：すこし頭が痛い。　**房子贷款** fángzi dàikuǎn：家のローン。　**交完** jiāowán：完済する。　**简直** jiǎnzhí：全く。本当に。

96. 穷在世上无人问，富在深山有远亲

Qióng zài shìshang wú rén wèn, fù zài shēnshān yǒu yuǎnqīn.

貧乏だと街中にいても訪れる人はないが、金持ちだと山奥にいても遠戚までやって来る。

【解説】

前の句は"贫居闹市 pínjū nàoshì 无人问"ともいう。類似の諺に、

"贫贱亲戚离，富贵他人合 pínjiàn qīnqi lí, fùguì tārén hé"（貧しければ親戚も寄りつかず、金があれば赤の他人まで寄りつく）がある。

わが国の諺では「貧家には故人疎し」が相当しよう。貧乏な家には旧友さえよりつかないというのである。

『旧約聖書』には「富める者を愛する者は多し」とあるが、西洋には「金持ちには友人が多い」という諺が広く行われており、フランスには「金持ちには自分の知らない親戚がいる」というのもあるそうである。

【用例】

a：以前我那个小公司穷的时候，需要钱，可是到处求爷爷告奶奶也借不到。
b：现在呢？
a：现在公司做大了，也有名了，总有人追着我给贷款，要投资。真是怪了！
b：这不奇怪。老话说"穷在世上无人问，富在深山有远亲"嘛！

a：以前うちの小さな会社が貧乏だった頃、金が必要だったが、あっちこっち泣きついても借りられなかった。
b：今は？
a：今は会社が大きくなり、有名にもなったら、いつも誰かが私を追っかけて貸付けるだの、投資するだのと言って来る。本当に驚くよ。
b：不思議じゃないさ。諺にも「貧乏だと街中にいても訪れる人はないが、金持ちだと山奥にいても遠戚までやって来る」と言うからね。

【語注】

到处 dàochù：到る所。　**求爷爷告奶奶** qiú yéye gào nǎinai：方々頼み込む、あちこち泣きつく。　**借不到** jièbudào：借りられない。
给贷款 dàikuǎn：貸付けてくれる。

97. 人敬富的，狗咬破的

Rén jìng fùde, gǒu yǎo pòde.

人は金持ちを敬い、犬はボロ着ている人に吠える。

【解説】

人間社会、とかく金が物を言い、金持ちがあがめられ貧乏人はさげすまされるということである。別に"人爱富的，狗咬穷的"とか"人敬有钱的，狗咬挎篮 kuà lán 的"（…、犬は首にかご掛けた者（乞食）に吠える）とも言う。

類似の諺に"有钱一条龙，无钱一条虫 yǒu qián yī tiáo lóng, wú qián yī tiáo chóng"（金があれば竜、金がなければ虫けら）、"有钱王八坐上席 shàngxí"（金があれば馬鹿も上座に坐る）などがあるが、金ある所に人集まることを"贫贱亲戚离，富贵他人合 pínjiàn qīnqi lí, fùguì tārén hé"（貧乏だと親戚も離れ、富貴なら他人も集まる）とか、"贫居闹市无人问，富在深山有远亲 pín jū nàoshì wú rén wèn, fù zài shēnshān yǒu yuǎnqīn"（貧乏だと繁華街に住んでいても訪れる人はなく、金持ちだと山奥にいても遠くの親戚がやって来る）などのように言う。

【用例】

a：我想买辆二手货的或是便宜点儿的新车，你看怎么样？

b：我看，你要是钱上问题不大，最好买辆够档次的，起码是"桑塔那"吧。
a：什么车不都是一样开吗？
b：当然都能开，但是，你开辆破车不是找人嫌吗？路上的警察也对你客气不了。你记住"人敬富的，狗咬破的"。
a：怪不得领导坐的车也分级别呢。听你这么一说，我最好买辆"奔驰"了？

a：中古か比較的安い新車を１台買いたいんだがどうだろうか。
b：僕はね、君が金銭的に問題がないんだったら、高級車を買う方がいいと思う。少なくともサンタナね。
a：どんな車だって運転するのは同じじゃないか。
b：もちろんさ、しかし、オンボロ車を運転すれば人に嫌われるし、路上の警官だって遠慮してくれないよ。「人は金持ちを敬い、犬はボロ着ている人に吠える」ことを忘れないようにね。
a：道理で上司が乗っているのはランク別があるわけだ。そう聞いたら、ベンツを買うのが一番だろうね。

【語注】

二手货 èrshǒuhuò：中古品。 够档次的 gòu dàngcì de：等級が十分なもの。ハイグレードなもの。 起码 qǐmǎ：少なくとも。 破车 pòchē：ボロ車。 找人嫌 xián：人に嫌われる。 客气不了 kèqibuliǎo：遠慮するはずがない。

98. 人怕出名猪怕壮

Rén pà chūmíng zhū pà zhuàng.

人は名が出るのを恐れ豚は太るのを恐れる。

【解説】

名が出ることは人にとって名誉なことである筈だが、とかく他人に妬まれ、厄介なことを招くのが人の世の常である。早くからわが国の『徒然草』にも「誉れは毀りの本」とあり、英国の諺にも"Envy is the companion of honour."（嫉妬は名声の伴侶である）という。

頭角をあらわす者はとかく他から憎まれるものであるが、これを言う諺に"出头的椽子先烂 chūtóu de chuánzi xiān làn"（先の出たる木は先に腐る）とか、"枪打出头鸟 qiāng dǎ chūtóu niǎo"（鉄砲は先に飛び立つ鳥を撃つ）があるが、いずれもわが国の「出る杭は打たれる」に相当しよう。"人高惹祸 rěhuò，树大招风 zhāofēng"（人高ければ禍を惹き起こし、木大きければ風を招く）も常用される。

【用例】

a：我们机关的老李出了本书，社会上的反映还挺红火的。

b："人怕出名猪怕壮"，这下子他可忙了吧？
a：整天有人找他，缠着他，连顿安稳饭都没法儿吃。
b：干脆出差不就得了吗！
a：诶，你怎么跟他想到一块儿去了？

a：うちの役所の老李(ラオリー)が本を出して、世間ではたいへんな評判なんだ。
b：「人は名の出るのを恐れ豚は太るのを恐れる」だが、これで大忙しだろう。
a：一日中訪ねる人が彼につきまとって、落ち着いて飯を食う暇もない。
b：いっそ出張してしまえばいいじゃないか。
a：うん、君はどうして彼と同じ考え方をするんだ！

【語注】
　红火 hónghuǒ：盛んだ。盛り上がっている。　**这下子**：これで。**整天** zhěngtiān：一日中。　**缠着** chánzhe：つきまとう。　**连～都…**：～すらも…。　**顿** dùn：食事の量詞。　**安稳饭** ānwěnfàn：落ち着いて食べる食事。　**干脆** gāncuì：いっそのこと。思い切って。　**想到一块儿去**：同じ考え方をする。

99. 人是苦虫，不打不成人

Rén shì kǔchóng, bù dǎ bù chéng rén.

人は苦しむ動物、打たなければものにならぬ。

【解説】

"苦虫"とは苦しみを受ける動物のこと、即ち苦しい目に遭って初めて物事の是非善悪が分かるのが人間だという考えで、そこから人間は幼時から厳しい躾と訓練が必要だという体罰主義的教育観が生まれる。この諺は、人も所詮苦しみの動物で、ひっぱたかなくてはだめなんだと言っているのである。

類似の諺に"棒打出孝子，娇养忤逆儿 bàng dǎchū xiàozǐ, jiāo yǎng wǔnì'ér"（棒は孝行者を出し、甘やかしは不幸者を育てる）とか、"打是疼 téng，骂 mà 是爱"（殴るのは可愛いから、叱るのは愛すればこそ）、"成人不自在 zìzai，自在不成人"（人であることは楽ではない、楽をしていては人にはなれぬ）などがある。日本では「可愛ゆき子をば打て」「可愛い子には旅させよ」などに当ろうか。

【用例】

a：现在的教育好多了，讲究尊重学生的意志，学生的自由。
b：你小时候不是这样吗？
a：当然不是，那时候学校里还打手板儿呢！
b：我爷爷说，"人是苦虫，不打不成人"。他也是挨打打出来的。
a：我们那会儿都这样，挨了不少打。
b：时代不同了，再搞体罚就该犯法了。说起来，我们不挨打了，还挺幸运的呢！

a：今の教育はずっと良くなった。学生の意志、学生の自由を尊重することを重視している。

b：あなたの小さい時はこうではなかったのですか。

a：勿論そうじゃない。その頃学校ではまだ仕置き棒が使われていたんだ。

b：お爺さんは「人間は苦しむ動物、打たなければものになれぬ」と言っていたけど、叩かれて育ったんですね。

a：わしの頃はみなそうだった。ずいぶんぶたれたよ。

b：時代が変って、もう体罰をすると違法になるんです。まあ、僕等は殴られなくなって大変幸運ですね。

【語注】

讲究 jiǎngjiu：重んじる。 **手板儿** shǒubǎnr：(昔、体罰用に用いた) 手のひらを叩く短い板 "戒尺 jièchǐ" ともいう。 **挨打打出来** áidǎdǎchūlai：叩かれて出来上がる。 **那会儿** nàhuìr：あの頃。 **搞体罚** gǎo tǐfá：体罰を加える。 **该犯法** gāi fànfǎ：違法に該当する。

100. 人是铁，饭是钢

Rén shì tiě, fàn shì gāng.
人は鉄、飯は鋼。

【解説】

人は鉄なら、飯は鋼に当る。人は飯を食わなければ力が出ないということ。日本の諺では「腹が減っては戦ができぬ」に当る。

中国では昔から"民以食为天 mín yǐ shí wéi tiān"（民は食を第一とする）と言われ、俗諺では"千事万事，吃饭大事"（何事よ

り食事が大事）と言う。中国人は食事を大切なものとし食事をゆっくり楽しむ。従って日常の挨拶に"吃饭了吗？"（ご飯食べましたか）"吃过了"（済ませました）と言うのはごく普通であるし、食事をせかしたりしない。"催 cuī 工不催饭"（仕事はせかせても食事はせかさない）と言い、"雷公 léigōng 不打吃饭人"（雷様も食事している人には落ちない）という諺があるくらいである。

【用例】

a：你看见张婷婷了吗？
b：看见了，我都不敢认了。她怎么了，瘦得尖嘴猴腮的？
a：她那是减肥呢！一天吃不了几口饭。
b："人是铁，饭是钢"，不吃饭哪儿行呀？
a：我看她是走火入魔了。再这么下去，不知道什么结果等着她呢！
b：你们俩不是不错吗？你还是去劝劝她吧。

a：張 婷 婷(チャンティンティン)を見た？
b：見たけれど、ちょっと分からなかったわ。彼女どうしたのかしら、痩せこけてしまって。
a：ダイエットしているのよ。一日にいくらも食べられないの。
b：「腹が減っては戦ができぬ」。食事をしなくちゃだめでしょう。
a：彼女、あまりにも夢中になりすぎて、このままだと、どんなことになるか分からないわね。
b：あなた方仲がいいんでしょ？　忠告してあげなさいよ。

【語注】

尖嘴猴腮 jiān zuǐ hóusāi：口が尖って頬がこけている。　**減肥** jiǎnféi：ダイエットする。　**走火** zǒu huǒ：度を越す。　**入魔** rùmó：

やみつきになる。とりこになる。**这么下去**：このようにしつづける。

101. 人是衣裳马是鞍

Rén shì yīshang mǎ shì ān.

人は服装、馬は鞍(くら)。

【解説】

馬は美しい鞍で引き立つように、人も美しい服を身に着ければ立派に見えるということ。"是"は"靠 kào"（～による）ともいう。日本の諺では「馬子にも衣装」がこれに当る。

類似の諺に、"佛要金装 jīnzhuāng，人要衣裳"（仏には金の装い、人には衣服がいる）とか、"三分人才 réncái，七分打扮 dǎban"（器量三分、身なり七分）などがある。

これに対して、見かけだけに頼ることを戒める諺もある。"好马不在鞍，人美不在衫 shān"（良馬は鞍によらず、人の立派さは衣服によらない）、"包子好吃不在褶上 bāozi hǎochī bù zài zhě shang"（肉まんじゅうの旨(うま)さはつまみ目によらない）など。因みに西洋でも「衣装は人を作る」というラテンの諺が広まっているようである。

【用例】

a：我去参加小马的婚礼的时候，才发现他还是挺帅的。
b：是呀，我也从没见过他那么神气过。
a：平常他老是邋邋遢遢地，外表一点儿也不讲究。
b：就是嘛！"人是衣裳马是鞍"，那天他一打扮起来，完全是一

表人材了！
a：结了婚，有人管了，就能整齐了。
b：大概不会再像以前那样了吧。

a：小馬(シアオマー)の結婚式に出て初めて彼が随分ハンサムだということを発見したよ。
b：そう、僕も彼があんなに颯爽としているの見たことなかった。
a：ふだん彼はいつもだらしがなくて身なりをちっとも構わないし。
b：そうだ、「馬子にも衣装」で、あの日彼がおしゃれしたら全く堂々としていた。
a：結婚して、面倒みてくれる人ができたら、きちんとなるよ。
b：多分もう以前のようにはなるまいさ。

【語注】
　帅 shuài：スマートだ。格好いい。　**神气** shénqì：得意である。颯爽としている。　**邋邋遢遢** lālatātā：だらしない。汚らしい。　**讲究** jiǎngjiu：重んじる。問題にする。　**打扮** dǎban：着飾る。おしゃれする。　**一表人材** yībiǎo réncái：立派な風采の人。　**整齐** zhěngqí：整っている。きちんとしている。

102. 人为财死，鸟为食亡

Rén wèi cái sǐ, niǎo wèi shí wáng.

人は財のために、鳥は餌のために命を落す。

【解説】

"人为钱，鸟为食"ともいう。日本の諺では「欲は身を失う」とか「欲の熊鷹股裂ける」などがある。

類似のものに"人见利 lì 而不见害 hài，鱼见食而不见钩 gōu"（人は利を見て害を見ず、魚は餌を見て釣り針を見ず）、"高飞 fēi 之鸟，死于美食 měishí，深泉 shēnquán 之鱼，死于芳饵 fāng'ěr"（高く飛ぶ鳥も美餌のために命を落し、深い泉の魚も好餌のために死ぬ）などがある。

財のため心を動かされ易いのが人情であるが、"生财有大道"という教えも古くからあり、"君子爱财，取之有道 jūnzǐ ài cái, qǔ zhī yǒu dào"（君子は財を愛しても、財を得るにはきちんとした道筋がある）と諺にも言う。

【用例】

a：小魏死在美国了，知道了吧？
b：知道了。真是没想到，才四十刚出头。
a：听说他到了美国就奋斗，事业也成功了，房子也买了好几所。
b：我听说他后来主要是作买卖了，玩儿命似的挣钱，没有一点儿休息。
a：这不正像那句"人为财死，鸟为食亡"说的一样吗？
b：就是，一点儿没错儿。

a：小魏がアメリカで死んだの知っているかい？
　　シアオウェイ

b：知っているよ。本当に思いがけなかった。ほんの40を出たばかりだった。
a：聞けば、彼はアメリカに着くと奮闘して、事業も成功して何軒も家を買ったそうだ。
b：後には主に商売をして死に物狂いで金をかせいで、少しも休まなかったということだ。
a：それじゃ「人は財のために、鳥は餌のために命を落す」という諺通りじゃないか。
b：全くその通りだ。

【語注】

出头 chūtóu：上回る。超える。　**好几** hǎojǐ：幾つも。　**玩儿命似的** wánr mìng shìde：命をもてあそぶかのように。むちゃをする。

103. 人心似铁，官法如炉

Rénxīn sì tiě, guānfǎ rú lú.

人心は鉄のようでも、国法は炉のようなものだ。

【解説】

人の心がたとえ鉄のように硬くても、溶鉱炉のような国法にはかなわないという意味で、頑強な犯人でも官憲の厳しい追及には屈服するということ。昔は、"人是贱虫 jiànchóng，不打不招 zhāo"（人間はしぶとい奴で、打たれなければ白状しない）という考えが基にあったのである。

諺は、良きにつけ悪しきにつけ、庶民に法知識を授けるものである。"杀人偿命，欠债还钱 shā rén cháng mìng, qiàn zhài huán qián"（人を殺したら命で償え、借金をしたら返済しろ）、"**捉贼拿赃，捉奸捉双** zhuō zéi ná zāng, zhuō jiān zhuō shuāng"（泥棒を捕えたら盗品をつかめ、姦通を見つけたら二人とも押えろ）とか、"**天下衙门八字开，有理无钱莫进来** tiānxià yámen bāzì kāi, yǒu lǐ wú qián mò jìnlai"（天下の役所は八の字に開いているが、理が有っても錢がなければ入って来るな）など多々ある。

【用例】
a：报上登的那件强盗抢劫案，那个犯人还真硬，死不承认。
b：怎么不承认也不行呀，"人心似铁，官法如炉"，怎么也得把他给化了。
a：再说还有人证物证呢。
b：就是！

a：新聞に載った例の強盗事件は、犯人がなかなか頑強で、どうしても認めない。
b：いくら認めなくてもだめだ。「人心は鉄のようでも国法は炉のようなものだ」。何としても彼を溶かさなければ。
a：それに証人も物証もあるんだ。
b：そうですよ。

【語注】
抢劫案 qiǎngjié'àn：強盗事件。　**死不～**：あくまでも～しない。
把他给化了：彼を溶かしてしまう。白状させる。　**人证** rénzhèng：証人。

104. 三个臭皮匠，顶个诸葛亮

Sānge chòu píjiàng, dǐng ge Zhūgě Liàng.

三人の皮職人は一人の諸葛亮に匹敵する。

【解説】

しがない皮職人でも三人集まって相談すれば一人の知謀の軍師諸葛孔明に負けない知恵が出るということである。"顶"は「匹敵する」という意味で"抵 dǐ"ともいう。日本の諺では「三人寄れば文殊の知恵」「一人の文殊より三人のたくらだ」（「たくらだ」は愚か者の意）などに当る。

類似の諺に、"一人不敌 dí 二人计 jì"（一人では二人の知恵にかなわない）、"一人不过二人智 zhì"（一人では二人の知恵に及ばない）などがある。因みに、英語では "Two heads are better than one."（二つの頭は一つにまさる）といい、ドイツでは「四つの目は二つの目よりよく見える」と言うそうである。

【用例】

a：老陈辞职了，撂下了的活儿挺难做的，我们几个年青人愣给接了过来。

b：你们行吗？老陈技术好那是出名的。

a：是呀，我们也知道。但是，我们拧成一股绳，拼命想办法，也干得不错，领导还挺满意。

b：这可真应了"三个臭皮匠，顶个诸葛亮"这句话了。

a：那当然！再说，我们也不是"臭皮匠"啊！

a：<ruby>老陳<rt>ラオチェン</rt></ruby>が辞職して残された仕事はとても難しいものでしたが、私達何人かの若い者が強引に引き受けました。

b：君達大丈夫かい？　老陳の腕がいいことは有名だからな。
a：ええ、私達も知っています。でも、私達が一丸となって一生懸命方法を考え、立派にやっていますので、上層部も満足しています。
b：それこそ「三人寄れば文殊の知恵」という言葉通りだ。
a：勿論です。それに私達は"臭皮匠"ではありませんからね。

【語注】

撂下 liàoxia：後に残す。　**愣** lèng：無理やり。向こうみずにも。　**拧成一股绳** níngchéng yī gǔ shéng：1本の縄になる。一丸となる。　**拼命** pīnmìng：一生懸命に。　**应了** yìngle：適合する。ぴったりだ。　**再说**：その上。それに。

105. 三个人抬不过理字

Sān ge rén táibuguò lǐ zì.

三人しても理という字は担(かつ)いで行けない。

【解説】

何事につけ道理は大切であり、多勢でも道理を動かすことはできないという意味である。他に"理字不多重，万人担不动""理字不重，万人难动"ともいう。また、"有理压得泰山倒 yǒu lǐ yāde Tàishān dǎo"（理が有れば泰山をも押し倒すことができる）といい、"有理走遍 zǒubiàn 天下，无理寸步 cùnbù 难行"という。

中国人に在って"理"とは絶対不変の真理とは限らない。"有理无理出在众人口里 zhòngrén kǒuli"（有理も無理もみな衆人の口から出て来る）といい、"桌子是方的，理是圆的 zhuōzi shì fāng de, lǐ shì yuán de"(机は四角いが、理は丸いものだ)という。物事について"是か非か"を判断の基準とするのである。

【用例】
a：昨天你怎么生那么大的气呢？
b：他们一帮人和我辩论，非说我的方案行不通，我才急的。
a：最后呢？
b：当然是我赢了。"三个人抬不过理字"，我的方案有理有据，他们是瞎说！

a：きのうはなぜあんなに怒ったんだ？
b：あのグループの人たちは私と議論して、どうしても私の案ではだめだというので、私は腹を立てたのさ。
a：最後は？
b：勿論私が勝ったさ。「三人しても理の字は担いで行けない」だよ。私の案には道理があり根拠がある。彼らはデタラメを言っているんだ。

【語注】
生气 shēngqì：腹を立てる。　**一帮人** yī bāng rén：一群の人。　**非说** fēishuō…：どうしても…だと言う。　**行不通** xíngbutōng：通用しない。　**瞎说** xiāshuō：デタラメを言う。

106. 三句话不离本行

Sān jù huà bù lí běnháng.

二言目には自分の仕事に話が及ぶ。

【解説】

人はとかく話題を自分の職業に引き寄せて話したがるものである。個別化したものに、"秀才谈书，屠户谈猪 xiùcái tán shū, túhù tán zhū"（読書人は書物を語り、屠殺屋は豚の話をする）とか、"卖瓜的吆喝瓜 mài guā de yāohe guā, 卖枣 zǎo 的吆喝枣儿"（瓜屋は瓜と叫び、ナツメ屋はナツメと叫ぶ）などがある。一般化されて"卖什么吆喝什么"というが、しばしば意味はおし広げられて、心に思っていることはつい口に出すという意味に使われる。

因みに、職業に関連しては、"在行 háng 恨 hèn 行，出行想行"（その職にあるうちは嫌うが、離れると懐かしく思う）とか、"同行是冤家 yuānjiā"（同業は相仇(あいがたき)）などがある。

【用例】

a：和小杨出去玩儿可真是受了罪了。
b：为什么？
a：大厅里观赏的鱼，又高贵又潇洒，游起来可神气了。他却问这鱼能不能吃！
b：这可够杀风景的。这个人怎么这样呢？
a：他是个厨师，"三句话不离本行"呗！

a：小楊(シアオヤン)と遊びに出て本当にひどい目に遭ったよ。
b：どうして？
a：ホールの観賞用の魚が、気品があって悠然としていて、泳ぐ

とそれこそ生き生きしているんだ。ところが彼はこの魚は食べられるかと尋ねたんだ。
b：それは全く興ざめだな。この人はどうしてこうなんだ？
a：彼は調理師で、「二言目には自分の仕事に話が及ぶ」というわけなんだろう。

【語注】

受罪 shòuzuì：ひどい目に遭う。　**潇洒** xiāosǎ：あかぬけている。気品がある。　**神气** shénqì：元気一杯。生き生きしている。　**杀风景** shāfēngjǐng：興ざめになる。　**厨师** chúshī：調理師。

107. 三人行必有我师

Sān rén xíng bì yǒu wǒ shī.

三人で行けば必ず師となる者がいる。

【解説】

これは『論語・述而篇』にある句に基づく諺である。三人連れだって行くと、他の二人の中に見習うべき手本、まねてはならない悪い見本が必ずあるものだというのである。なお、"行"については、これを「行なう」と読み、「三人で事を行なえば」とする解釈もあり、わが国では広く行なわれている。

因みに、これと形が似ている諺に"三人同行小的苦 sān rén tóngxíng xiǎode kǔ"（三人で旅すれば小さい者が苦労する）がある。わが国の「三人旅の一人乞食」とか「三人道中の一人転ばし」に相当する。

【用例】

a：这次旅行在车上没事，几个人闲聊了起来，还真长了不少知识。真是"三人行必有我师"啊！
b：你长了什么知识了？
a：他们是钓鱼的行家。听了他们的谈话，我才知道钓鱼有那么多的学问：什么地方钓什么鱼、什么鱼用什么竿、什么钩、什么鱼饵…，可讲究了。下星期咱们也去钓一次怎么样？
b：好啊，看看你学得怎么样。

a：今回の旅行では車中で何もすることがなく何人かが雑談をしたが本当にずいぶん勉強になったよ。全く「三人行けば必ず我が師あり」だ。
b：どんな勉強をしたんだい。
a：彼らは魚釣りの玄人だ。彼らの話を聞いて初めて釣りにも沢山学問があることを知ったよ。どんな所ではどんな魚が釣れる、どんな魚にはどんな竿、どんな針、どんな餌を使うとか…本当によく研究しているんだ。来週僕らも一度釣りに行かないか。
b：いいね。君の勉強ぶりを見てみよう。

【語注】

闲聊 xiánliáo：雑談する。　**行家** hángjiā：玄人。　**讲究** jiǎngjiu：気を使う。工夫を凝らす。

108. 三天打鱼，两天晒网

Sān tiān dǎ yú, liǎng tiān shài wǎng.

三日魚をとり二日網を干す。

【解説】

根気が足りず飽き易く、何をやっても長続きしないことを喩える。日本の諺では「三日坊主」に当る。"五日打鱼，十日晒网"とも言う。

因みに怠惰に関する諺を幾つか挙げておこう。「横の物を縦にもしない」は"横草不动，竖草不拿 héngcǎo bù dòng, shùcǎo bù ná"と言い、「上げ膳据え膳」を"饭来张口，衣来伸手 fàn lái zhāng kǒu, yī lái shēn shǒu"（飯が来たら口を開け、衣が来たら手を伸ばす）と言い、「座して食えば山も空し」は"坐吃山空海也干 zuò chī shān kōng hǎi yě gān"と言う。また、"猪睡长肉，人睡卖屋 zhū shuì zhǎng ròu, rén shuì mài wū"（豚は眠ると肉がつくが、人は眠っていると家が人手に渡る）といういささかユーモラスなものもある。

【用例】

a：听说，老赵学英文学了三期了，是吗？
b：是啊，他总是"三天打鱼，两天晒网"，没有长性，哪一期也没坚持下来。
a：这不是白交钱吗？
b：他爱人说比交了酒钱好。

a：聞けば老趙(ラオチャオ)は英語を3期習ったそうだね。
b：そう。彼はいつも「三日坊主」で、根気がなく、3期とも長

続きしなかった。
a：それじゃムダ金使ったことになるね。
b：奥さんは酒代を使ったよりましだと言っているよ。

【語注】

长性 chángxìng：根気。辛抱強さ。　**坚持下来** jiānchíxiàlai：頑張り続ける。　**白交钱** bái jiāo qián：ムダに金を払う。

109. 杀鸡给猴子看

Shā jī gěi hóuzi kàn.

鶏を殺して猿に見せてやる。

【解説】

猿は血を見るのを怖がると言われ、猿の前で鶏を殺すと猿はよく言うことを聞くということから、ある者を罰して他の見せしめにするという意味である。成語で"杀鸡吓 xià 猴""宰 zǎi 鸡教猴"ともいう。他に"打骡子马也惊 dǎ luózi mǎ yě jīng"（ラバを打てば馬も驚く）も同類の諺である。

形の似た諺に"打鸭惊鸳鸯 dǎ yā jīng yuānyāng"（アヒルを打ってオシドリを驚かす）があり、わが国にも伝来して「鴨を打って鴛鴦を驚かす」として使われているが、これは本来「鴨を打てば鴛鴦まで驚かすことになるから鴨を打つな」ということで、「悪人をこらしめようとして善良な人を驚かす」という意味である。

【用例】

a：就那么一点小错，王经理就把小刘炒了鱿鱼，到底是为什么？

b：小刘的旁边有一伙人，很难管。王经理是拿小刘下手，煞煞他们的威风。

a：这么说，这是"杀鸡给猴子看"的事了。管用吗？

b：难说，还得接着看。

a：ほんのちょっとしたミスで、王(ワン)社長は小劉(シアオリュウ)を首にしたのは一体どういう訳か。

b：小劉の周りの連中が手に負えないんだ。王社長は小劉を手始めに、彼らの気勢をそごうというんだ。

a：とすると、これは「鶏を殺して猿に見せてやる」ということだな。効果があるかい？

b：なんとも言えない。続きを見なければね。

【語注】

炒鱿鱼 chǎo yóuyú：首にする。　**拿～下手**：～を手始めに。　**煞威风** shā wēifēng：威光や気勢をそぐ。　**管用** guǎnyòng：役に立つ。効果がある。　**接着** jiēzhe：引き続いて。

110. 上梁不正下梁歪

Shàngliáng bù zhèng xiàliáng wāi.

上の梁(はり)が真っ直ぐでないと下の梁も曲がる。

【解説】

上の者が正しくないと下の者も悪くなるという喩えである。この句の後にはしばしば"下梁不正塌 tà 下来"（下の梁が曲がっているとくずれ落ちてしまう）とか、"中梁不正倒 dǎo 下来"などと

が続き、上級者や中堅者がよくないと組織がだめになってしまうことをいう。

類似の諺に、"正屋不正梢子斜 zhèngwū bù zhèng shāozi xié"（母屋が傾くと端木も斜めになる）とか、"上面糊糊涂涂，下面麻麻杂杂 shàngmiàn húhutútú, xiàmiàn mámazázá"（上の者がいいかげんだと、下の者もチャランポランである）、"老鸡不上灶 shàng zào, 小鸡不乱跳 luàn tiào"（親鶏がへっついに上がらなければ、ひよこはやたらに跳ねない）などがある。

【用例】
a：老乔的孩子学习怎么老上不去呢？
b：他们两口子整天晃来晃去的，没个正经的工作，哪有功夫顾到孩子的学习呢？
a：这真是"上梁不正下梁歪"了，这不是把孩子给耽误了吗？
b：可不是嘛！

a：老喬(ラオチアオ)の子は勉強がどうしてよくならないのかね。
b：あの夫婦は一日中ぶらぶらしていて、真面目な仕事がない。どうして子供の勉強を顧みるひまなんかあるもんか。
a：これは全く「上(かみ)正しかざれば下(しも)これにならう」で、子供をだめにしてしまうんじゃないか。
b：全くその通りだ。

【語注】
老上不去：いつまでも進歩しない。　**两口子** liǎngkǒuzi：夫婦二人。　**整天** zhěngtiān：一日中。　**晃** huàng **来晃去**：ぶらぶらしている。　**正经** zhèngjing：真面目な。　**顾到** gùdào：～を顧みる。気に留める。　**耽误** dānwu：じゃまする。だめにする。

111. 上山擒虎容易，开口告人难

Shàng shān qín hǔ róngyì, kāi kǒu gào rén nán.

山に登って虎を捕えるのは易いが、口を開いて人に頼むのは難しい。

【解説】

"擒"は「捕える」、"告"は「(人に)物事を頼む」の意。人に借金や物事を頼むことは容易じゃないことをいう。"上山打虎易，开口求人难"とも言う。

類似の諺に"别人求我夏天雨，我求别人六月霜 shuāng""人来求我三春雨，我去求人六月霜"がある。いずれも自分が他人を助けることはたやすいが、自分が人に頼み事をするのは難しいことだという意味である。

この諺に相当する日本の諺はちょっと見当らないが、金の貸し借りの難しさを言った諺に「借りる時の恵比寿顔、返す時の閻魔顔」がある。

【用例】

a：王军开的铺子关门儿了，知道了吗？

b：知道了，听说倒得挺惨的。其实，求朋友帮帮忙，也许还能缓过来。

a：这个人太要脸面，总觉得"上山擒虎容易，开口告人难"。他总想靠自己顶过去。

b：不过，借款难也是实话，看他的营业状况，肯冒险借给他的人能有几个呢？

a：王軍(ワンチュイン)が開いた店は閉店になったの知っていますか。

b：知ってます。ひどいつぶれかただったそうだが、実は友人に援助を頼んだら、もしかして息を継げるかも知れない。

a：あの人はすごくメンツを重んずるから、どうしても「山に登って虎を捕えるのは易いが、口を開いて人に頼むのは難しい」と考えて、なんとか自分だけで頑張ろうとするんだ。

b：でも、借金も難しいのは事実で、彼の商売ぶりをみたら、彼に金を貸す冒険をする人は何人いるだろうか。

【語注】

倒得挺惨的 dǎode tǐng cǎn de：倒産のし方がたいへんひどい。
其实 qíshí：その実。　**缓过来** huǎnguòlai：回復する。息を継げる。
要脸面 yào liǎnmiàn：メンツを重んずる。　**顶过去** dǐngguòqu：突っ張っていく。頑張っていく。

112. 舌头底下压死人

Shétou dǐxià yāsǐ rén.

舌の下で人を圧死させる。

【解説】

人を誹謗したり責めたりする言葉はしばしば人を傷つけたり滅ぼしたりする力をもつから、言葉は慎むようにとの戒めである。"房倒压不杀人 fáng dǎo yābushā rén，舌头倒 dào 压杀人"（家が倒れて人は圧死しなくても、舌は人を圧死させる）ともいう。日本の諺では「舌の剣は命を断つ」に当るだろう。

類似の諺に、"人不伤 shāng 人，话伤人"（体で人を傷つけなくても、言葉が人を傷つける）とか、"刀伤易没，恶语难消 dāoshāng yì mò, èyǔ nán xiāo"（刀の傷はすぐ無くなるが、悪口言われての傷はなかなかなおらない）などがある。わが国の諺でも「刀の傷はなおせるが、言葉の傷はなおせない」というのがある。

【用例】

a：有人说小王的论文是抄袭，传得还挺广，把他气坏了。
b：他费了几年的功夫才写成的，怎么不生气呢？
a：还有人写信质问他，弄得他哭笑不得。
b：谣言虽然是假的，但要是影响了论文的通过，那可就不是小事了。
a：这可真是"舌头底下压死人"啊，太可怕了。

a：誰かが小王の論文は剽窃だと言ったら、とても速く広まって、彼をかんかんに怒らせた。
b：彼が何年もかけてやっと書き上げたのだから、どうして腹を立てないでいられるか。
a：彼に手紙を書いて質問した者もいるけど、彼はなんとも困りはてているよ。
b：デマはうそでも、もし論文の合否に影響したら、それこそ些細な事ではない。
a：これは正に「舌の剣は命を断つ」で、全く恐ろしい。

【語注】

抄襲 chāoxī：剽窃する。　**气坏** qìhuài：ひどく怒らせる。　**哭笑不得** kūxiàobùdé：泣くに泣かれず笑うに笑えず。困りはてる。　**可怕** kěpà：恐ろしい。

113. 蛇入竹筒，曲性不改

Shé rù zhútǒng, qūxìng bù gǎi.

蛇は竹筒の中に入れても、曲がる癖は直らない。

【解説】

悪い性格や癖は改め難いということ。"蛇入筒中曲性在"とも、"蛇会脱皮 tuōpí，本性不移 yí"（蛇は皮を脱いでも本性は変え難い）ともいう。

類似の諺に"狗改不了吃屎 gǒu gǎibuliǎo chī shǐ"（犬は糞を食うのを改められない）、"狐狸洗不掉一身臊 húli xǐbudiào yìshēn sāo"（狐は体についた悪臭を洗い落せない）、"老猫不死旧性在 lǎomāo bù sǐ jiùxìng zài"（老いた猫は生きている限り旧癖は直らない）などがある。日本の諺では「三つ子の魂百までも」「雀百まで踊りを忘れぬ」があるが、悪人の本性を言うほどの深刻さはない。これは"江山易改 jiāngshān yì gǎi，本性难移"（山川の形は変えられるが、人の本性は改め難い）が相当するだろう。

【用例】

a：我住的地方，有个惯偷，进了几次公安局了，出来还是照样。
b：这种人是"蛇入竹筒，曲性不改"，很难改了。
a：是啊，这次犯了大事，听说被判了十几年呢！
b：十几年的刑可不轻了，也许能改好了？
a：也许吧。

a：私の住んでいる所に一人盗みの常習犯がいて、何度か警察に入ったが、出て来るとまた相変わらずだ。
b：こういう者は「蛇は竹筒に入れても、曲がる癖は直らない」

で、改めるのは難しい。
a：うん、今回も大きな罪を犯して、十何年かの判決を受けたそうだ。
b：十何年の刑とは軽くない。ひょっとして改まるかも知れないぞ。
a：かも知れないな。

【語注】

惯偷 guàntōu：窃盗常習者。　**照样** zhàoyàng：元通り。　**也许** yěxǔ：ひょっとして…かも知れない。

114. 舍不得芝麻，打不得油

Shěbude zhīma, dǎbude yóu.

ゴマを惜しんでは油はとれない。

【解説】

"舍不得"は「捨てられない。惜しむ」、"打油"は「油を搾る」の意。一定の代価・犠牲を払わなければ何も得られないということである。

この型の諺には、"舍不得羊羔 yánggāo（子羊）逮不住狼 dǎibuzhù láng（狼を捕えられぬ）""舍不得白米抓不着鸡 zhuābuzháo jī"（鶏をつかまえられぬ）とか、甚だしくは"舍不得孩子打不了狼"など多数ある。古くからの諺"不入虎穴，焉得虎子 bù rù hǔxué, yān dé hǔzǐ"（虎穴に入らずんばいずくんぞ虎子を得ん＝虎の穴に入って行かなければどうして虎の子が得られようか）と同類である。日本では「高い所に上がらねば熟柿は食えぬ」が相

当するであろうか。

【用例】

a:现在的教育费可真了不得！除了学校，还得上补习班。
b:要想让孩子上好学校，不上补习班哪行呀？
a:补习班的费用和学费也差不多了。
b:"舍不得芝麻，打不得油"。为了孩子的将来，该花的怎么也得花呀！

a:今の教育費は全くバカにならない。学校の他に塾にまでかかる。
b:子供を好い学校に入らせようとすれば、塾に行かせなければなりませんよ。
a:塾の費用も学費と変わりませんからねぇ。
b:「高い所に上がらねば熟柿は食えぬ」です。子供の将来のためには、出すべき銭はどうしたって出さなければなりませんよ。

【語注】

了不得 liǎobude:尋常でない。ものすごい。 **补习班** bǔxíbān:補習クラス。塾。 **哪行呀** nǎ xíng ya:どうしてよかろうか。だめだ。 **该花的** gāi huā de:使うべきもの。

115. 世上无难事，只要有心人

Shìshang wú nánshì, zhǐyào yǒuxīn rén.

世の中に難事はない、ただやる気のある人が必要なだけだ。

【解説】

世の中に成し遂げられぬ事はない。ゆるがぬ決意があるかどうかだという意味である。"要"は"怕 pà"にも作る。後の句は"只要肯登攀 kěn dēngpān"（ただ自ら登攀しようとするか否かだ）ともいう。

類似の諺に"老天不负苦心人 lǎotiān bù fù kǔxīn rén"（天は苦労する人を背かない）がある。日本では「志ある者は事ついに成る」「精神一到何事か成らざらん」がよく言われるが、いずれも中国から転来したものである。西洋からのものに「天は自ら助くる者を助く」がある。

なお、"天下无难事，只要老面皮 lǎo miànpí"というのがあるが、これは「面の皮を厚くしさえすれば…」ということでいささか強引に過ぎよう。

【用例】

a：现在找工作这么难，碰了五、六个钉子，我都灰心了。
b：你别灰心，总有办法的。"世上无难事，只要有心人"。你要是有碰几十个钉子的心理准备，还怕找不到理想的工作？
a：好吧，我再接着去碰吧。
b：我想一定能有一个公司的大门让你"碰"开的。

a：今こんな就職難で、5、6ヶ所も断わられて意気消沈してい

ます。
b：落胆してはいけない。必ず方法がある。「世の中に難事はない、ただやる気のある人が必要なだけ」。何十回も断られる覚悟があれば、いい仕事が見つけられるさ。
a：よし、続けて当ってみます。
b：きっとどこかの会社の門が君によって開かれると思うよ。

【語注】

碰钉子 pèng dīngzi：釘にぶつかる。断わられる。 **灰心** huīxīn：気落ちする。 **碰**：試しに当ってみる。

116. 是儿不死，是财不散

Shì ér bù sǐ, shì cái bù sàn.

本当の子なら死なず、本当の財産なら無くならない。

【解説】

"是A"という言い方は、「確かにAなら、凡そAである限り」という意味である。従って、この諺は、子供にせよ、財貨にせよ、天が本当に授けてくれたものならいつまでも無くなることはないが、そうでないとしてもそれは天命によるものであってどうしようもないという意味である。類似の諺として、日本には「悪銭身に付かず」、それに対して「正直の儲けは身に付く」というのがあるが、これらは勧善懲悪的な因果応報論であって、やや異なるであろう。

因みに、「悪銭身に付かず」は中国語では"冤枉钱 yuānwǎng

qián lái yuānwǎng qù"とか"横来钱财汤浇雪 hènglái qiáncái tāng jiāo xuě"（不正な金は湯を雪にかけるようなもの）などのようにいう。

【用例】

a：上个月，我在外地做买卖时正赶上住的旅馆出了大事故，两个多星期没和家里联系，把我妈急坏了，到处打电话找我。
b：你没事吧？
a：我没事，完完整整地回了家，买卖也做成了。我跟我妈说"是儿不死，是财不散"，您根本就用不着急成那样。
b：理是这么个理，可是你妈的心情你也得理解呀！

a：先月、他処で商いをしていた時、ちょうど泊っていた旅館で大事故が起きたのだが、2週間余り家に連絡しなかったので、母親は大変心配してあちこち電話して私を捜したようだ。
b：何事もなかったんだね。
a：何事もなくピンピンして帰宅、商売もうまくいったよ。母親に「本当の子なら死なない、本当の財産なら無くならない」だよ。全くそんな心配は無用だと言ったんだ。
b：それはそうだろうけれど、しかしお母さんの気持ちだって理解してあげなくちゃ。

【語注】

正赶上 zhèng gǎnshàng：ちょうど出くわす。 **急坏** jíhuài：ひどく心配させる。 **完完整整地** wánwanzhěngzhěngde：完全な姿で。 **用不着** yòngbuzháo：必要ない。 **急成那样** jíchéng nàyàng：あんなにまで心配する。 **理是这么个理**：理屈は確かにそうではあるが。

117. 瘦死的骆驼比马大

Shòusǐ de luòtuo bǐ mǎ dà.

痩せ細ったラクダでも馬より大きい。

【解説】

多くは、金持ちはいくら落ちぶれたといっても並の人よりは持っているという比喩に用いられる。類似の諺に、"瘦骆驼尚 shàng 有千斤肉"（痩せたラクダでもなお千斤の肉がある）とか、"大船破 pò 了还有三千钉 dīng"（大船は難破してもなお三千本もの釘がある）などがある。

日本の諺では、「腐っても鯛」とか「破れても小袖」「ちぎれても錦」などがこれに相当するだろう。ただこれらには旧家や名門は落ちぶれても、その品位を保ちつづけるという意味合いで使われることが多い。

この諺の反対は"麒麟一老不如驽马 qílín yī lǎo bùrú númǎ"（麒麟も老いては駑馬に劣る）である。

【用例】

a：你说进大公司好还是小公司好呢？
b：我看还是大公司保险。即使遇到什么事，大公司的承受能力和处理能力也比小公司强吧？
a：俗话说"瘦死的骆驼比马大"，还是有道理的啊！
b：那还用说吗？

a：大会社に入った方がいいか、それとも小さな会社に入った方がいいと思いますか？
b：やはり大会社の方が安全でしょう。たとえ何か事が起っても、

大会社の負担能力と処理能力は小さい会社より大きいでしょう？
a：諺に「腐っても鯛」というのはやはり道理がありますね。
b：それはもちろんですよ。

【語注】
保険 bǎoxiǎn：安全である。　**即使** jíshǐ：たとえ…でも。

118. 水平不流，人平不言

Shuǐ píng bù liú, rén píng bù yán.

水は平らな所では流れず、人は公平な時は文句を言わない。

【解説】

　人は自分が公平に扱われていると思えば文句を言わないものだということである。"人平不语，水平不流"ともいう。この反対を言ったものが"物不平则鸣 wù bù píng zé míng"で、わが国でも「物平らかならざれば則ち鳴る」と言っている。これはもと唐代の文学者韓愈の言葉から出たもので、物は不均衡があると外に音を発する。人も不平不満があればこれを言葉にあらわすものだというのである。

　同類の諺に、"人急造反，狗急跳墙 rén jí zàofǎn, gǒu jí tiào qiáng"（人はせっぱつまると反逆し、犬はせっぱつまると塀を飛び越す）とか、"兔子急了也会咬人 tùzi jíle yě huì yǎo rén"（兔もせっぱつまると人を噛むことがある）などがある。

【用例】

a：这次上来的头头不错，大家都挺满意的。
b：他的为人好，哪一派也不掺入，办事也在理，当然大家也就没意见了。
a：他的年纪不大，可"水平不流，人平不言"这个道理，他倒是挺清楚的啊！
b：确实，这样的领导人难得！

a：今度来た主任は立派で、皆とても満足しています。
b：彼は人柄がよく、どの派にも肩入れすることもなく、やる事も理にかなっていて、当然誰も文句はない。
a：彼は年は若いけれど、「水は平らな所では流れず、人は公平な時は文句を言わない」という道理をよく知っているんです。
b：全くこのような上司はめずらしい。

【語注】
头头 tóutou(r)：(ある部門の) 長。リーダー。主任。　**为人** wéirén：人柄。　**掺入** chānrù：混じる。くみする。　**在理** zàilǐ：理にかなっている。　**难得** nándé：得難い。めずらしい。

119. 说着曹操，曹操就到

Shuōzhe Cáo Cāo, Cáo Cāo jiù dào.

曹操の話をしていたら曹操がやって来た。

【解説】
曹操は『三国志』で馴染みの魏の始祖。世に奸雄として恐れら

れていた。誰かの噂をしていると、ちょうどその人がやって来るということで、わが国の「噂を言えば影が差す」「噂をすれば影とやら」に相当する。

　類句に、同じく『三国志』で蜀の大将として活躍する張飛 Zhāng Fēi に入れ替えた"说张飞就来了张飞"があるが、別に"说鬼 guǐ，鬼就到"（幽霊の話をすると幽霊が来る）とも言う。これは英国で"Speak of the devil, and he will appear."（悪魔の噂をすれば悪魔が現れる）と言うのと同じである。フランスでは「狼の話をするとその尻尾が見える」と言うそうだが、いずれも昔の人が恐ろしいものを口にすることをはばかる禁忌の習俗を反映したものであろうか。

【用例】
a：二哥平常难得回家，但是只要咱们一做好吃的，他准回家来。
b：今天怎么没见到他呢？没来吧？
a：你看，他刚进门，在那儿脱大衣呢。真是"说着曹操，曹操就到"。
b：他可真有口福啊！

a：小さい兄さんは普段めったに家に帰らないけど、家で美味しいものを作ると、きまって帰って来るよ。
b：きょうはどうして姿を現わさないんでしょうね。
a：ほら、いま家に入って、コートを脱いでいるところだ。本当に「噂をすれば影とやら」だ。
b：全く「口福」に恵まれているんだね。

【語注】
　难得 nándé：得難い。めったに～しない。　**只要** zhǐyào：～しさ

えすれば。 **准** zhǔn：きまって。きっと。 **刚** gāng：〜したばかり。
口福 kǒufú：ご馳走にありつける幸せ。口の幸い。

120. 死马当作活马医

Sǐmǎ dàngzuò huómǎ yī.

死に馬を生き馬として治療する。

【解説】
"当作〜"は「〜と見なす」の意。死んだ馬でも、あるいは生き返るかも知れないという期待をこめて治療するという意味で、事が絶望的な状態にあって、むだなこととは知りながらも、なお、一縷の望みを求めて最後の努力をすることの喩えである。わが国の諺では「死馬に鍼を刺す」あるいは「死に馬に鍼」が相当するだろう。

やや似た発想に基づく諺に"死棋腹中有仙着 sǐqí fúzhōng yǒu xiānzhāo"というのがある。負け碁の中にも起死回生の妙手があるということで、絶望的状況の中で逆転の一打によって形勢を挽回する可能性を説く諺である。

【用例】

a：最近碰见老张头儿了，脸色可好了，红光满面的。
b：不是听说他得癌了吗？
a：是呀，大夫说最多还能活半年。可他说"死马当作活马医"吧！还挺乐观的，中西医一起治，又练气功，居然好了！
b：真是想不到啊！

a：最近老張親方(ラオチャン)にばったり遇ったんだが、顔色もすっかりよくなって、満面テカテカしていたよ。
b：彼はガンになったということではなかったかい？
a：そう、医者はせいぜい半年の命だと言ったんだが、彼は「死に馬に鍼をさす」よう頼んだんだ。とても楽観的で、西洋漢方両医学で治療して、さらに気功もやって、なんと治ったんだ。
b：全く思いがけなかった。

【語注】

碰见 pèngjiàn：ばったり出会う。 头儿 tóur：親方。 红光满面 hóngguāng mǎnmiàn：健康で血色がよい。 得癌 dé ái：ガンを患う。 练 liàn：習練する。（気功は健康術であるのでこう言う） 居然 jūrán：意外にも。

121. 贪字贫字一样写

Tān zì pín zì yíyàng xiě.

貪の字と貧の字は同じように書く。

【解説】

貪欲な者は結局貧乏になるという戒めである。"贪字近贫 tān zì jìn pín"ともいう。

類似の諺に"贪产贫，惜产穷 tān chǎn pín, xī chǎn qióng"（財を貪れば貧し、財を惜しめば窮す）がある。貪欲でも吝嗇でも、結局は貧窮に行き着くというのである。

財を貪り続ければ、とかく不正の手段を弄し、揚げ句の果ては法を犯して全てを失うことになる。

貪婪（どんらん）を戒めた諺には、"贪食鱼儿易上钩 tān shí yúr yì shàng gōu"（餌を貪る魚は針にかかり易い）とか、"贪多嚼不烂 tān duō jiáobulàn"（欲張り過ぎると消化不良を起す）などがあるが、後者は"Grasp all, lose all."（全てをつかめば全てを失う）という英国の諺に通じるであろう。

【用例】

a：报上登了消息说，有的人为了脱贫致富，竟去盗掘古墓。
b：这不是"贪字贫字一样写"了吗？这可是犯罪的事啊。
a：就是嘛，致富也得走正经的路，不能胡来。
b：这要是成了风气，可太危险了！

a：新聞に載ったニュースによれば、貧乏人が金持ちになろうと、なんと古い墓を盗掘に行ったのだそうだ。
b：それじゃ「貪の字と貧の字は同じに書く」じゃないですか。

これは正に犯罪的な事だ。
a：そうですよ。金持ちになるにも真っ当な道を行かなければ、デタラメはいけない。
b：これが流行となったら、それこそ危険だ。

【語注】
  消息 xiāoxi：ニュース。　**脱贫致富** tuō pín zhì fù：貧乏を脱して金持ちになる。　**盗掘** dàojué：盗掘する。　**正经** zhèngjing：まじめな。まともな。　**胡来** húlái：でたらめな事をする。　**成风气** chéng fēngqì：風潮となる。はやる。

122. 天下乌鸦一般黑

Tiānxià wūyā yìbān hēi.

天下の烏は同じ様に黒い。

【解説】
"乌鸦"は"老鸦 lǎoyā""老鸹 lǎoguā"ともいう。共にカラスの意。世の中の悪人は皆同じく悪いという喩え。悪い奴はどこへ行っても悪事を働くということである。日本にも「何処の烏も黒い」という諺があるが、これは「どこへ行っても同じものは同じで、変わるはずがない」という意味で、特に悪人に限らないようであるが、中国では黒色は悪の象徴であり、ここの"乌鸦"は悪人を指す。

類似の諺に"黑老鸦洗不成白鹅 bái'é"（黒い烏は洗っても白鳥にはなれない）、"乌鸦插上美丽的羽毛，也变不成凤凰 wūyā chāshang měilì de yǔmáo, yě biànbuchéng fènghuáng"（烏は美しい羽

を挿しても鳳凰には変われない）などがあるが、いずれも天性変え難いことを言ったものである。

【用例】

a：昨天，电视中介绍了怎么识别伪造商品。香奈尔的皮包、露易丝维登的时装，在外国都有伪造的。
b：是吗？我还以为就是咱们中国的茅台酒有伪造的呢。
a：有利可图的事，总有人去干的，哪里都一样。
b：这么说，这是"天下乌鸦一般黑"的事儿？
a：那当然。

a：きのうテレビで偽造品をいかに見分けるかの紹介があったが、シャネルのバッグ、ルイヴィトンのドレスなどは外国にみな偽物がある。
b：そうかい。僕は我が中国のマオタイ酒だけに偽物があるんだと思っていた。
a：もうかる事は必ずやる人がいるのは、どこでも同じさ。
b：そうすると、これは「何処の烏も黒い」というわけだね。
a：もちろんさ。

【語注】

识别 shíbié：識別する。　**伪造** wěizào：偽造。　**香奈尔** xiāngnài'ěr：シャネル。　**露易丝维登** lùyìsīwéidēng：ルイヴィトン。　**有利可图** yǒu lì kě tú：ぼろもうけができる。

123. 为人不做亏心事，半夜敲门心不惊

Wéi rén bù zuò kuīxīn shì, bànyè qiāo mén xīn bù jīng.

人として心に恥じる事をしていなければ、夜中に戸を叩かれても驚かない。

【解説】

やましい事をしていなければ、人が言いがかりをつけに来ても驚くことはないということである。"为人"は"日间"ともいう。

類似の句に、"没做亏心事，不怕鬼 guǐ 叫门"（やましい事をしていなければ、鬼卒が呼びに来ても恐くない）とか、"心不负人，面无惭色 xīn bù fù rén, miàn wú cánsè"（心に人を背くことなければ、顔に恥ずる色なし）、また"身正不怕影儿歪 shēn zhèng bù pà yǐngr wāi"（身が正しければ影がゆがんでいても平気だ）、"心中无邪硬如铁 xīnzhōng wú xié yìng rú tiě"（心によこしまな所がなければ言動が確信に満ちている）などがある。

【用例】

a：小张，刚才人事部门的人找你。
b：什么事？
a：他没说。不会炒你的鱿鱼吧？
b：那怎么会呢！
a：那你也得小心点儿好。
b："为人不做亏心事，半夜敲门心不惊"。我一点儿也不怕，没准是告诉我提升了呢！

a：小張(シアオチャン)、さっき人事部の人がさがしていましたよ。
b：何だろう？

a：何にも言っていなかったけど、クビになるんじゃないでしょうね。

b：そんなことないさ。

a：でも気をつけた方がいいですよ。

b：「人として心に恥じる事をしていなければ、夜中に戸を叩かれても驚かない」で、すこしも怖くない。昇進の話かも知れないね。

【語注】

炒鱿鱼 chǎo yóuyú：首にする。解雇する。　**小心** xiǎoxīn：気をつける。　**没准** méizhǔn：〜かも知れない。　**提升** tíshēng：昇進させる。

124. 乌鸦笑猪黑

Wūyā xiào zhū hēi.

烏が豚の黒いのを笑う。

【解説】

中国の豚の多くは黒豚である。そして黒色は悪の象徴である。従って黒い烏が豚の黒いのを笑うとは、自分の欠点を棚に上げて人の欠点や過ちをあげつらうということである。日本の諺では「目糞が鼻糞を笑う」「目脂が耳垢を笑う」が相当しよう。

類似の句に"乌鸦嫌 xián 猪黑"（烏が豚の黒いのを嫌う）、"乌鸦落 luò 在猪身上"（烏が豚の体にとまる）とか、"人不知自丑 zì chǒu，马不知脸长 liǎn cháng"（人は自分の醜さが分からず、馬は顔の長いのが分からない）などがある。

なお、英語の諺では"The pot calls the kettle black."（ポットはやかんを（底が）黒いという）という。

【用例】
a：我的孩子做事不认真，老是马马虎虎的，我老教训他。
b：这不是说得挺对的吗？
a：可昨天我自己把皮包忘在车上丢了，回家挨老婆训了一顿，说我"乌鸦笑猪黑"。
b：你不能说这话没道理吧？！
a：我只能是不说话听着呗。

a：うちの子はやる事がふまじめで、いつもいいかげんだから、僕はいつも説教しているんだ。
b：それは全く正しいことじゃないか。
a：でも昨日は僕が鞄を車の中に忘れてなくしてしまい、家に帰って女房に「目糞が鼻糞を笑う」だと叱られてしまった。
b：それは君も道理がないとは言えまい。
a：僕はただ黙って聞いていたさ。

【語注】
认真 rènzhēn：まじめだ。　**马马虎虎** mǎmahǔhǔ：いいかげんだ。
教训 jiàoxùn：説教する。　**挨训** áixùn：叱られる。　**一顿** yídùn：ひとしきり。一度。

125. 无针不引线，无水不渡船

Wú zhēn bù yǐn xiàn, wú shuǐ bù dù chuán.

針がなければ糸を通せず、水がなければ船を渡せない。

【解説】

仲介者なしでは事はうまくゆかないということの喩えである。

類句に"穿针要个引线人 chuān zhēn yào ge yǐn xiàn rén"（針に糸を通すには糸を通す人が必要だ）、"中间无人事难成 zhōngjiān wú rén shì nán chéng"（間に人がいなければ事は成し難い）などがある。

わが国の諺に「挨拶は時の氏神」というのがある。互いに争っている時の仲裁は、氏神が現れたようなものだから、その仲裁に従うのがよいという意味で「仲裁は時の氏神」ともいわれる。しかし、「挨拶」という言葉は、古くは人と人の関係が親密になるように働きかけるといった場合に用いられたのであり、人と人との仲介を重視する点でこの日中両諺は相通じるものといえるだろう。

【用例】

a：小张，从入大学起你就一直那么顺，连硕士、博士都是顺顺当当地过去了，现在又有了好的工作，我可真佩服你！
b：你别佩服我。"无针不引线，无水不渡船"，我遇见的都是好老师，才能有了今天。
a：那我得佩服你的运气了！
b：这么说倒还行。

a：小張、君は大学入学以来ずっと順調で、修士も博士もすらすらとパスして、今またいい就職ができて、本当に感服するよ。

b：感服なんかしないでくれよ。「針がなければ糸は通せず、水がなければ船は渡せず」だ。僕が遇ったのはみな良い先生で、それでこそ今日があるのさ。

a：じゃ君の運に感服するよ。

b：それならまあいいが…。

【語注】
　硕士 shuòshì：修士。　**博士** bóshì：博士。　**顺顺当当** shùnshun-dāngdāng：順調に。　**佩服** pèifu：感心する。敬服する。　**运气** yùnqi：運。

126. 捂着耳朵偷铃铛

Wǔzhe ěrduo tōu língdang.

耳を覆って鈴を盗む。

【解説】
　古典『呂氏春秋』に見える〈掩耳盗铃 yǎn ěr dào líng〉の故事にもとづく諺で、自らを欺き人をも欺くこと、良心に反するような事をしながら、強いてそれを考えないように努めることに喩える。この句の後によく"自己骗自己 zìjǐ piàn zìjǐ"（自らが自らを欺く）が続く。類似の句に、"带着铃铛去做贼 dàizhe língdang qù zuò zéi"（鈴を着けて泥棒を働きに行く）、"捏着鼻子哄眼睛 niēzhe bízi hǒng yǎnjing"がある。

わが国でもこの諺はよく使われるが、類似のものには「頭隠して尻隠さず」「柿を盗んで核(たね)を隠さず」などがある。英語の諺では"The cat shuts its eyes while it steals cream."（猫がクリームを盗む時は目をつぶる）というそうである。

【用例】

a：这次作文考试，张晖得了一个大零蛋。
b：不可能吧？只要写出几句来，也不会不给分儿呀？
a：是呀，可是他不是写的，他是抄了别人的一篇文章。老师怎么看怎么觉得眼熟，结果把原文给找出来了。
b：他这不是"捂着耳朵偷铃铛"吗？
a：可不是！想糊弄老师，结果把自己给糊弄了。

a：今回の作文試験で、張暉(チャンホイ)は零点を取った。
b：そんな筈ない。ちょっと書きさえすれば、点をくれない筈はないだろう？
a：そうさ。でも彼は書いたのではなくて、他人の文章を写したのだ。先生はどう見ても見覚えがあると思って、遂に原文を捜し出したんだ。
b：彼のは「耳を覆って鈴を盗む」じゃないか。
a：その通り。先生を騙そうとして結果は自分を欺いてしまったわけだ。

【語注】

零蛋 língdàn：零点。　**不会不**：〜しない筈はない。　**分儿** fēnr：点数。　**抄** chāo：丸写しする。　**眼熟** yǎnshú：見覚えがある。　**糊弄** hùnong：ごまかす。だます。

127. 想吃老虎肉，又怕老虎咬

Xiǎng chī lǎohǔ ròu, yòu pà lǎohǔ yǎo.

虎の肉は食べたいが、虎に嚙まれるのが怖い。

【解説】
わが国の諺「河豚は食いたし命は惜しし」に相当する。好い物を得たいのは山々だが、後のたたりを思うと手を出せずに迷うということである。

同類の諺には"想吃肉又怕烫了舌头 xiǎng chī ròu yòu pà tàngle shétou"（肉は食いたいが舌にやけどするのが怖い）とか、"**又想吃鱼汤又怕烫嘴** yòu xiǎng chī yútāng yòu pà tàng zuǐ"（魚スープを食べたいが口にやけどするのも怖い）など少なくない。

類似の諺に"**想吃羊肉又怕膻气** xiǎng chī yángròu yòu pà shānqì"（羊肉を食べたいが生臭いにおいが耐えられない）とか、"**想吃鱼又怕腥** xīng"（魚は食べたいが生臭いのが苦手だ）というのがあるが、これらは何か良くない事をして悪評を得るのが恐ろしいということである。

【用例】
a：我想换个工作，可是老定不下来。
b：为什么？
a：那边工资高，可是活太累，这儿工资少点儿，可是工作比较轻松。
b：你这是"想吃老虎肉，又怕老虎咬"。世上的事没有两全的！

a：仕事を換えたいと思っているのだが、ずっと決めかねているんだ。

b：どうして？
a：あちらは給料が高いんだが仕事は大変きついし、こちらは給料はすこし少ないが、仕事は比較的楽なんだ。
b：それは「河豚は食いたし命は惜しし」だ。世の中の事に二つながら満足のいく事なんかないよ。

【語注】
定不下来 dìngbuxiàlai：決められない。 **工资** gōngzī：賃金。給料。 **活** huó：仕事。 **轻松** qīngsōng：軽い。楽だ。 **两全** liǎngquán：両方とも満足がいく。

128. 新鞋不踩臭狗屎

Xīnxié bù cǎi chòu gǒushǐ.

新しい靴では臭い犬の糞を踏まない。

【解説】
"踩 cǎi"は"踏 tà"に同じ、「踏む」の意。立派な人はくだらない人間を相手にしないものだという意味である。"新鞋"は"好鞋"ともいう。

類似の諺に"君子不同牛生气 jūnzǐ bù tóng niú shēngqì"（君子は牛に腹を立てない）がある。君子は無知な人と争わないという意味である。なお、相手にすべからずという点では、"**男不可跟女斗，老不可跟少斗** nán bùkě gēn nǚ dòu, lǎo bùkě gēn shào dòu"（男は女と争うな、年寄りは若者と争うな）というのもある。

この諺に近いわが国のものは、と言うならば、「金持ち喧嘩せず」ぐらいであろうか。

【用例】

a：我办公桌对面的那位，整天不干活不说，还说我的坏话。
b：那你怎么办呢？
a：我？我来它一个"新鞋不踩臭狗屎"，根本就不理她！
b：有用吗？
a：有点儿用。近来她有所收敛。

a：私のデスクの向いのお方、一日中仕事をしないのはまだしも、私の悪口を言っているの。
b：貴女はどうしているの。
a：私？　私は「新しい靴では臭い犬の糞を踏まない」という態度で全く相手にしないわ。
b：効果あった？
a：幾らかあった。最近はすこしおとなしくなったみたい。

【語注】

办公桌 bàngōngzhuō：事務机。　**整天** zhěngtiān：一日中。　**…不说**：…はさておき。　**来它一个～**：～という態度・手段をとる。"来"は代動詞。　**理** lǐ：相手にする。　**有所收敛** yǒusuǒ shōuliǎn：すこし収まった、直った。

129. 惺惺惜惺惺

Xīngxīng xī xīngxīng.
賢者は賢者を惜しむ。

【解説】
"惺惺"は「賢い人、賢者」、"惜"は「惜しむ、いとおしむ」の意。この句はよく"英雄 yīngxióng 惜英雄""英雄识 shí 英雄"（英雄は英雄を知る）、"好汉 hǎohàn 爱好汉"（好漢は好漢を愛す）などと対句になって使われる。傑出した人物は力量、性情共に相似した好敵手の存在を喜ぶものである。

【用例】
a：昨天看了京剧《卧龙吊孝》，可真好看。诸葛亮哭周瑜唱的一大段，差点儿把我眼泪给唱出来。
b：那出戏的唱腔确实不错，经得起琢磨。
a：诸葛亮对周瑜的感情可够深的啊！
b：诶？你怎么以为诸葛亮是真情了？他那是"惺惺惜惺惺"，哭他今后没对手了，说得再不好听点儿，那是"兔死狐悲"。

a：きのう京劇『臥龍吊孝』を観たが、本当によかった。諸葛亮が周瑜を哭して唱う大一段では、すんでのところで涙を流すところだった。
b：あの芝居の節まわしは確かに素晴らしく、味わい深い。
a：諸葛亮の周瑜に対する気持ちは本当に並み大抵ではない。
b：おや、君はどうして諸葛亮が本心だと思うんだ。あれは「英雄は英雄を惜しむ」で、今後ライバルがいなくなったことを泣いているのであって、もうすこし悪く言えば、あれは「兔

が死んで狐が悲しむ」だよ。

【語注】

卧龙 wòlóng：未だ時を得ない英雄、蜀の諸葛亮をいう。 **吊孝** diàoxiào：弔問する。 **哭周瑜** kū Zhōu Yú：周瑜のために泣く。 **差点儿** chà diǎnr：すんでのところで。もうすこしで。 **把我眼泪给唱出来** bǎ wǒ yǎnlèi gěi chàngchūlai：歌辞のために涙を流させられる。 **唱腔** chàng qiāng：歌う調子。節まわし。 **经得起** jīngdeqǐ：耐えられる。 **琢磨** zuómo：じっくり考える。噛みしめる。 **可够～的**：全く～だ。 **诶** éi：(不審な気持ちを表わす) おや。 **说得再不好听点儿**：もうすこし聞きづらい言い方をする。 **兔死狐悲** tù sǐ hú bēi：兎が死んで狐が悲しむ。普通は同類相憐れむの意だが、ここでは心にもない同情を寄せるの意。

130. 淹死的是会水的

Yānsǐ de shì huì shuǐ de.

溺れ死ぬ者は泳ぎが達者な者。

【解説】

日本の諺でも「泳ぎ上手は川で死ぬ」「川立ちは川で果てる」(「川立ち」とは、川のほとりで生まれ育って泳ぎの上手な者) などという。泳ぎの上手な者は、とかく油断して川で死ぬことが多い。得意な技を持つ者が、かえってその技のために身をほろぼすことの喩えである。

同類のものに、"淹死会水的，打死犟嘴的 dǎsǐ jiàngzuǐ de"（打ち殺されるのは口の達者な者）がある。

漢代の『淮南子(えなんじ)』という書物に"善游者溺，善骑者堕 shàn yóu zhě nì, shàn qí zhě duò"(善く泳ぐ者は溺れ、善く騎る者は墜つ)という句が見えるから、この諺はかなり古くからあったものであろう。

【用例】

a：胡师傅出车祸了，事故不小，现在还在医院里打着石膏呢。
b：这可是想不到的事。他是咱们认识的司机里驾驶水平最高的，怎么会出事儿呢？
a：话可不能这么说，俗话说"淹死的是会水的"。他仗着技术好，雨天也把车开得像飞一样，那能不出事儿吗？
b：你这么一解释，我明白他为什么出事儿了。

a：胡親方(フー)が交通事故を起こし、怪我が重くて、今も入院中でギプスをはめている。
b：それは思いもよらぬ事だ。彼は我々の知っている運転手のなかでは運転技術は最高で、どうして事故を起したんだろう。
a：そうとばかり言えない。諺にも「泳ぎ上手は川で死ぬ」という。彼は腕がいいのをいいことにして、雨の日でも車をふっとばしている、あれじゃ事故を起さないわけがない。
b：あんたの説明で、彼が事故を起したわけが分かったよ。

【語注】

师傅 shīfu：(技能を持つ人に対する敬称)師匠。親方。 **车祸** chēhuò：交通事故。 **打石膏** dǎ shígāo：ギプスをはめる。 **想不到** xiǎngbudào：思いがけない。 **驾驶水平** jiàshǐ shuǐpíng：運転(技術)の水準。 **怎么会** zěnme huì ～：どうして～することがあり得ようか。 **出事儿** chū shìr：事故を起こす。 **仗着** zhàngzhe：～を頼

りにして。 **开得像飞一样** kāide xiàng fēi yíyàng：運転の仕方が飛ぶようだ。 **解释** jiěshì：説明する。解説する。

131. 阎王催命不催食

Yánwang cuī mìng bù cuī shí.

閻魔は命の催促はするが、食事はせかさない。

【解説】

中国では昔から"民以食为天 mín yǐ shí wéi tiān"（人民は食う事を最大事とする）と言われ、"千事万事，吃饭大事"（あらゆる事の中で、食う事が大事）という諺もある。それでどんなに忙しくても、食事はせかせることなくゆっくり食べさせよという考えが根強くある。同じような諺には、"催工不催饭"（仕事はせかせても食事はせかさない）とか、"天不打吃饭人"（天は食事をしている者を打たない）、さらには"有死罪，没饿罪 yǒu sǐzuì, méi è zuì"（死罪はあっても飢餓の罪はない）など少なくない。

日本の諺でこれに近いものといえば、「腹が減っては戦ができぬ」ぐらいのものであろうか。

【用例】

a：孩子一吃饭，你就催，这样对健康不好，你知道不知道？
b：你看他磨磨蹭蹭，一顿饭吃一个多钟头，多耽误事呀。
a："阎王催命不催食"，你比阎王还厉害？
b：好，好，我不管了。你就叫他慢慢吃吧。

a：子供が食事をすると、あなたはすぐせかすけど、それは健康

によくないこと、ご存知でしょう？
b：見ろよ、あの子はぐずぐずと、1度の食事に1時間余りもかけて、本当に時間がムダだ。
a：「閻魔は命の催促はするが、食事はせかさない」で、あなたは閻魔様よりひどい。
b：よし、よし、俺は知らん。ゆっくり食べさせてやればいいさ。

【語注】

磨磨蹭蹭 mōmocēngcēng：のろのろしている。ぐずぐずしている。 **多耽误事** duō dānwu shì：なんと時間がむだなことか。 **厉害** lìhai：ひどい。 **不管了** bù guǎn le：干渉するのはやめる。

132. 眼不见心不烦

Yǎn bù jiàn xīn bù fán.

目に見なければ、気にならない。

【解説】

"眼不见为净 yǎn bù jiàn wéi jìng"（目にしなければきれいさっぱり）ともいう。日本の「見ぬもの清し」はこの転来か。外にも"眼不见，嘴不馋 zuǐ bù chán"（目に見なければ欲しいと思わない）がある。

類似のものに、"耳不听 ěr bù tīng 心不烦"（耳に聞かなければ気にならない）がある。日本では「聞けば聞き腹」がこれに近い。聞かなければそれまでだが、聞けば腹だたしくなるということである。

【用例】

a：我们最近叫儿子他们搬出去自己过了。
b：你们不是一直帮他们带着小孙子吗？
a：是呀，可是烦事太多，年青人和咱们想法满不是一回事儿。
b：你老伴儿放心让他们自己带吗？
a：放心倒是说不上，"眼不见心不烦"，随他们去吧。
b：叫我说，这是好事，迟早他们都得独立，早比晚好。

a：うちでは最近息子たちに引越して自活するようにさせたんだ。
b：あなた方はずっと彼らを助けて孫の世話をしてやっていたんじゃないのかい。
a：そうだけど面倒な事も多いのさ。若い者と我々とでは考え方が全く違うんだ。
b：奥さんは安心して彼らに自分で育てさせられるのかね。
a：安心かどうかははっきり言えないが、「見ぬもの清し」で、彼らの好きなようにさせるさ。
b：私に言わせれば、それはいい事だ。遅かれ早かれ彼らは独立しなければならないのだから、後より早い方がいいよ。

【語注】

搬出去 bānchūqu：引越して出て行く。　**自己过** zìjǐ guò：自分で生活する。自活する。　**带小孙子** dài xiǎosūnzi：孫の世話をする。　**烦事** fánshì：面倒な事。　**满** mǎn：全く。　**一回事儿** yìhuí shìr：同じこと。　**老伴儿** lǎobànr：連れ合い。　**说不上** shuōbushàng：断言できない。　**随** suí：（～するに）任せる。　**迟早** chízǎo：遅かれ早かれ。

133. 羊毛出在羊身上

Yángmáo chūzai yángshēnshang.

羊毛は羊の体から出たもの。

【解説】

人から金品をもらっても、元をただせば自分の懐から出たものであるとか、人に何かを与えても、実はそれは相手から出たもので、自分の懐は何も傷めていないような場合をいう。

これに相当する日本の諺はちょっと見当らないが、似たものに「人の褌（ふんどし）で相撲を取る」とか、「他人の念仏で極楽参り」などがある。他人のものを利用して得（とく）をしようとする喩えである。「人の提灯で明かりを取る」「他人の賽銭で鰐口（わにぐち）叩く」など類句は少なくない。これらに相当する中国の諺には"借花献佛 jiè huā xiàn fó"や、"借香敬佛 jiè xiāng jìng fó"などがある。なお、フランスには「舅（しゅうと）の酒で相婿（あいむこ）をもてなす」というチャッカリ屋の諺があるそうである。

【用例】

a：每星期都收到一大堆广告，这广告费得花多少钱呢！

b：是得花不少钱。

a：那，商店还不赔钱？

b：你怎么那么傻呀！商店能干赔钱的买卖吗？早把广告费打在商品价钱里面了！

a：原来如此！"羊毛出在羊身上"，这笔钱还是由顾客出呀！

b：不由顾客出谁来出？谁买谁花钱呗！

a：每週山ほど広告を受取るけど、あの宣伝費はずいぶんかかっ

ているんだろうなあ。
b：かなりかかっているさ。
a：それで商店は損をしないの？
b：どうしてそんなにバカなんだ？　商店が損するような商売をする筈があるかい。あらかじめ宣伝費を商品価格に入れてあるんだ。
a：そうだったのか。「羊毛は羊の体から出たもの」、その金はやはりお客が出しているんだ。
b：お客が出さないで誰が出すんだ。誰でも買うものが金を出すのさ。

【語注】
　一大堆广告 yīdà duī guǎnggào：広告の大きな山。　**花** huā：使う。費やす。　**赔钱** péiqián：損をする。　**傻** shǎ：愚かだ。バカだ。　**能** néng：～する筈がある。　**打** dǎ：計算する。見積もる。　**原来如此** yuánlái rúcǐ：もともとそのようであったのだ。　**笔** bǐ：まとまった金を数える量詞。　**由 yóu ～**：行為の主体を示す。～が（する）。　**谁A谁B**：誰でもAする者がBする。

134. 一不做，二不休

Yī bù zuò, èr bù xiū.

一にはやるな、二にはやめるな。

【解説】
　第一にはやらない方がいいが、第二には（やるなら）思いきってとことんやれという意味である。唐代の禅家語録に"第一莫作，

第二莫休 dìyī mò zuò, dì'èr mò xiū"（第一にするな、第二にやめるな）とあるのに基づく諺だと言われている。

　似たような諺に"杀人须见血 shā rén xū jiàn xiě"（人を殺すなら血を見なければならぬ）というのがあるが、これは対句となる"救人须救彻 jiù rén xū jiùchè"（人を助けるならとことん助けよ）という句を際立たせるためのものである。

　日本の諺では、「乗りかかった船」とか、「毒を食らわば皿まで」「尾を踏まば頭まで」などが相当するだろう。

【用例】
a：因为小蔡打麻将，他老婆要和他分手了。
b：至于吗？偶尔玩儿一玩儿，也没什么大不了的事。
a：小蔡的玩法可不是这样，他只要一去打就是"一不做，二不休"，坐在那里就起不来了。
b：那不是找输吗？
a：是呀！输了一身债，他老婆实在受不了了。
b：小蔡这下该醒了吧？

a：小蔡（シアオツァイ）がマージャンをするので、彼の女房が別れたいと言っているんだ。
b：そこまでするか？　たまにちょっと遊んだって、大したことないじゃないか。
a：でも小蔡の遊び方はそんなじゃないんだ。彼はやりに行くとなると「毒を食らわば皿まで」で、坐り込んだらもう尻が上がらないんだ。
b：それじゃ自分から負けに行っているんじゃないか。
a：そうだ。身上（しんしょう）をつぶしちゃって、彼の女房はたまったもんじゃない。

b：小蔡も今度は目が醒めるんじゃないか。

【語注】

打麻将 dǎ májiàng：マージャンをする。 **至于吗** zhìyú ma：そこまですることがあるか。 **偶尔** ǒu'ěr：たまに。 **大不了** dàbuliǎo：大したことにならない。 **只要** zhǐyào…：…さえすれば。 **起不来** qǐbulái：立ち上がれない。 **找输** zhǎoshū：自ら好んで負けを求める。 **输一身债** shū yīshēn zhài：身上をつぶす。 **受不了** shòubuliǎo：たえきれない。 **这下** zhèxià：今度。これで。 **该** gāi…：当然…する筈だ。

135. 一床被里不盖两样人

Yī chuáng bèili bù gài liǎng yàng rén.

一つの掛け布団は二人の違った人に掛けない。

【解説】

寝床を共にするのは性格や好みが違う者同士である筈がないという意味で、わが国の諺では「似た者が夫婦になる」(あるいは「似た者夫婦」)に当るだろう。別に"一床被盖 bèigài 不出两样人"(一重(かさね)の布団から似つかぬ人は出ない)とも、"一张床不出两样人"ともいう。

「似た者夫婦」といえば、日本ではすぐ「破れ鍋に綴じ蓋」とか「似合似合の釜の蓋」などが思い起こされるが、これらに当る中国語には、"破驴对破磨 pòlǘ duì pòmò"(ヤセ驢馬(ろば)にぼろの挽き臼(うす))とか、"歪锅配扁灶 wāiguō pèi biǎnzào"(ひんまがった鍋にぺちゃんこのかまどが似合う)、"破簸箕对烂笤帚 pò bòji duì làn tiáozhou"(破れた箕にはボロのほうき)などがある。

【用例】
a:我看,你们俩无论如何也别离婚,还是互相理解理解吧。
b:很难和他把话说到一起去。
a:老话说"一床被里不盖两样人"。你们俩怎么也得有些共同语言吧?
b:以前有,现在没了。
a:你还是好好想想吧,别太固执了。

a:私が思うに、あんた方はどうしたって別れてはいけない。やはりお互いに理解し合いなさい。
b:あの人とは話を合わせるのは難しいです。
a:諺にも「似た者夫婦」というが、あんた方は何と言っても少しは共通の言葉があるでしょう。
b:以前はありましたが、今はなくなりました。
a:やっぱりよーく考えなさい。あまり片意地を張ってはいけない。

【語注】
　无论如何 wúlùn rúhé:どうあろうとも。　**把话说到一起去**:話のうまを合わせる。　**共同语言** gòngtóng yǔyán:共通の言葉。　**固执** gùzhí:頑固になる。意地を張る。

136. 一个巴掌拍不响

Yíge bāzhǎng pāibuxiǎng.

片手では拍手はできない。

【解説】

"巴掌"は「手の平」、"拍不响"は「叩いても音がしない」の意。相手がいなければ一人ではどうにもならないという喩えであるが、これには①独立では事は成就できない、②相手の無い喧嘩はできない、という二通りの意味がある。

①の意味で類似の諺には、"一只胳臂顶不住天 yī zhī gēbei dǐngbuzhù tiān"（片腕では天は支えられない）がある。②の意味で類似の諺には、"一个碗不响，两个碗叮当 yíge wǎn bù xiǎng, liǎng ge wǎn dīngdāng"（一つの碗では音がしない、二つの碗で音が出る）があり、これは喧嘩は双方に責任があるという意味で使われるようである。

【用例】

a：赵主任在外边又找了一个，听说了吧？
b：早就听说了。这是第几个了？
a：不是第三就是第四吧。
b：这些女的也真是的，知道他好色，还往他那儿靠！
a：本来这就是"一个巴掌拍不响"的事情，周瑜打黄盖，一厢愿打，一厢愿挨嘛！
b：那倒是。不过，赵主任家里又得大打出手了。

a：<ruby>趙<rt>チャオ</rt></ruby>主任は外でまた一人見つけたこと聞いたかい？
b：とっくに聞いているよ。何人目だい？

a：三人目でなければ四人目だ。
b：これらの女性は全くもう…、彼が女好きなことを知っていて、彼に近寄るんだから！
a：これはもともと「片手では拍手はできない」ようなこと。周瑜が黄蓋を打つで、一方は殴りたい、一方は殴られたいというなれあいなのさ。
b：それはそうだが、趙主任の家ではまたきっと大立ち回りが演じられるだろう。

【語注】
早就 zǎojiù：もうとうに。 **不是A就是B**：AでなければBだ。 **真是的** zhēnshide：まったくもう（あきれた）！ **好色** hàosè：好色である。 **往他那儿靠** wàng tā nàr kào：彼に近寄る。 **周瑜打黄蓋** Zhōu Yú dǎ Huáng Gài：周瑜が黄蓋を打つ（三国志の物語から、双方なれあいで事をするというしゃれ言葉）。 **一厢** yìxiāng：一方。片方。 **挨** ái："挨打"（殴られる）の意。 **打出手** dǎ chūshǒu：立ち回りを演ずる。殴り合いの喧嘩をする。

137. 一个槽里拴不下俩叫驴

Yíge cáoli shuānbuxià liǎ jiàolǘ.

一つの飼葉桶に２頭の雄ロバを繋いでおくことはできない。

【解説】
同じ所に力の匹敵する二人の者がいれば、必ず争いになるとい

う喩えで、よく同僚が互いに妬み心を持ち排斥しあうことをなぞらえるのに用いられる。"一个槽上拴不住两头叫驴"とも、"两条叫驴拴不到一个槽儿"ともいう。

　同類の諺に、"一个桩上扣不上两个牯牛 yíge zhuāngshang kòubushàng liǎng ge gǔniú"（1本の杭に2頭の雄牛を繋いでおくことはできない）とか、"一个笼内关不了两只公鸡 yíge lóngnèi guānbuliǎo liǎng zhī gōngjī"（一つの籠に2羽の雄鶏を閉じ込めておくことはできない）などがあり、また"一山不容二虎 yī shān bù róng èr hǔ"（一つの山に2頭の虎は棲めない）なども同類と言えよう。

【用例】

a：这次招人选到了两位高手，都是博士毕业的。
b：听说经理想把他们都分到一个室里，一起搞个项目。
a：那可不行！搞不好的话，谁也不买谁的账，能力全抵消了。
b：我也是这么看，农民都懂得"一个槽里拴不下俩叫驴"，把这俩能人怎么能搁一块儿呢？

a：今回の求人では二人の逸材が選ばれたが、共にドクター卒だ。
b：部長は彼らを同じ部署に配置して一緒にプロジェクトをやらせようと考えているそうだが。
a：それは駄目だ。うまくやれなかったら、どちらも相手を評価せず、二人の実力も相殺されてしまう。
b：私もそう思う。農民でも「一つの飼葉桶に2頭の雄ロバを繋いでおくことはできない」ことは分かっている。この二人の有能な者を一緒にしておくなんてとんでもない。

【語注】

招人 zhāorén：人材募集。求人。　**高手** gāoshǒu：優秀な人材。逸材。　**搞个项目** gǎo ge xiàngmù：あるプロジェクトを始める。　**～的话**：もし～ならば。　**买账** mǎizhàng：認める。評価する。　**抵消** dǐxiāo：帳消しになる。相殺する。　**搁一块儿** gē yíkuàir：一緒にしておく。

138. 一个篱笆三个桩，一个好汉三个帮

Yíge líba sān ge zhuāng, yíge hǎohàn sān ge bāng.

一つの垣根には3本の杭、一人の好漢には3人の助けが要る。

【解説】

"篱笆"の後に"要打"を、"好汉"の後に"要有"を補うと理解し易い。一人の力には限りがあり、事を成すためには他の助けが必要だということである。

類似の諺には、"红花还得绿叶扶 hónghuā hái děi lǜyè fú"（赤い花も緑の葉の助けが要る）、"荷花虽好，也要绿叶扶持 héhuā suī hǎo, yě yào lǜyè fúchí"（蓮の花はきれいだが、やはり緑の葉の助けが必要だ）などがある。

わが国の諺では「世の中は相持ち」とか「世は相身互い」などが相当するだろうか。

団結の大事なことを説くという面からは、"一根筷子容易折，十根筷子硬如铁 yī gēn kuàizi róngyì zhé, shí gēn kuàizi yìng rú tiě"（1本の箸は折り易いが、10本の箸は鉄のように硬い）がある。

【用例】

a：我从地方来到北京，全靠朋友们帮忙，才有了今天的地步。
b：那还得说是你自己努力吧。
a：靠我自己哪儿行呢？"一个篱笆三个桩，一个好汉三个帮"。我永远也忘不了大伙儿。
b：太客气了，我们帮忙也是应该的嘛！

a：私は地方から北京にやって来たが、全く友人たちの助けがあってこそ今日の地位ができました。
b：あなた自身の努力も言わなければ。
a：私自身の力だけでは駄目です。「一つの垣根には3本の杭、一人の好漢には3人の助けが要る」です。私は永久に皆さんのことを忘れられません。
b：謙遜が過ぎますよ。私たちがお手伝いしたのは当然のことじゃないですか。

【語注】
地步 dìbu：地步。地位。 **哪儿行** nǎr xíng：どうしていいだろうか。 **忘不了** wàngbuliǎo：忘れられない。 **大伙儿** dàhuǒr：皆さん。

139. 一艺在身，胜积千金

Yīyì zài shēn, shèng jī qiānjīn.

一芸が身にあれば、千金を貯える(たくわ)に勝る(まさ)。

【解説】
一つの技芸を身につけていれば、困った時にそれが生計の元手

になるということ。わが国の諺では「芸は身を助く」という。

　類似の諺は多い。"手艺胜过一切珠宝 shǒuyì shèngguò yíqiè zhūbǎo"（技芸はすべての宝に勝る）、"薄艺 bóyì 在身，胜过金银 jīnyín"（拙い芸でも身にあれば金銀に勝る）、"家有黄金万两，不如薄艺随身 jiā yǒu huángjīn wàn liǎng, bùrú bóyì suí shēn"（家に万両の金があっても一芸を身につけているのに及ばない）、"学艺终身福，是艺不亏人 xué yì zhōngshēn fú, shì yì bù kuī rén"（芸を学べば一生幸せ、全て芸は人に損させない）等々。

　但し、芸も時には災いとなることがある。"艺多不养家 yì duō bù yǎng jiā"（芸が多いと家族を養えない）、つまり、「器用貧乏」である。

【用例】

a：老王无论如何也要叫他的儿子跟他学做陶器的手艺，他儿子就是不愿意。

b：听说俩人闹得还挺厉害的。老王总觉得"一艺在身，胜积千金"，学手艺比买空卖空的买卖人强。

a：可是，年轻人有自己的想法，不能要求和他一样，整天坐在那里呀。

b：话倒这样说，可是，老王的手艺要是失传了，可也真是可惜！

a：老王(ラオワン)はどうしても息子に彼について陶芸を習わせたいとしているが、息子はいっかな望まない。

b：二人は激しくやり合ったそうだ。老王はどうしても「芸は身を助く」で、技芸を学ぶことは空売り空買いをする商売人よりましだと思っているのだ。

a：しかし、若い者には自分の考えがあって、彼と同じように一日中坐っているように求めることはできないさ。

b：話はそうであっても、老王の芸がもし絶えてしまったら、本当に惜しいことだ。

【語注】
无论如何 wúlùn rúhé：どうあっても。　**做陶器的手艺** zuò táoqì de shǒuyì：陶芸。　**闹得挺厉害** nào de tǐng lìhai：ひどい騒ぎをする。**买空卖空** mǎi kōng mài kōng：空売り空買いをする。投機取引をする。　**强** qiáng：すぐれている。ましだ。　**整天** zhěngtiān：一日中。終日。　**失传** shīchuán：後世に伝わらない。断絶する。

140. 一针不补，十针难缝

Yī zhēn bù bǔ, shí zhēn nán féng.
一針の繕(つくろ)いをしなければ、十針でも難しくなる。

【解説】
衣類のほころびを一針縫うのをさぼったために、十針でも繕いきれなくなるということ、問題が小さいうちに処置しないで、手遅れになればなるほど負担がかさむことの喩えである。他に、"一针及时，九针可省 yī zhēn jíshí, jiǔ zhēn kě shěng"（時機を得た一針で九針を節約できる）ともいうが、これは英語の"A stich in time saves nine."（適時の一針が九針の手間を省く）に酷似している。そう言えば日本の「今日の一針、明日の十針」もよく似ている。これらはひょっとして来源を同じくしているのではなかろうか。

別に、"小洞不补，大洞吃苦 xiǎodòng bù bǔ, dàdòng chīkǔ"（小さな穴を繕わなければ、大きな穴になって苦労する）というのも

ある。

【用例】

a：请大家一定按照图纸认真地做，发现问题马上修改，不能马虎！

b：这个活儿太难做了。

a：这是个精密机器的配件，咱们这里要是出了错不修改，可就是"一针不补，十针难缝"的事了，下边的工序想补救也没办法，只能成废品了。

b：好吧，我们一定努力。

a：皆さんぜひとも図面通り真剣にやってください。問題を見つけたらすぐに修正して、いい加減にしてはいけません。

b：この仕事は大変厄介です。

a：これは精密機械の部品で、我々の所でもしミスをして直さなかったら、それこそ「今日の一針、明日の十針」になって、次の工程では手直ししようとしてもすべがなく、おしゃかになるだけです。

b：分かりました。ぜひ一生懸命やります。

【語注】

按照图纸 ànzhào túzhǐ：設計図に従って。 **马虎** mǎhu：いい加減である。 **配件** pèijiàn：部品。 **工序** gōngxù：工程。 **废品** fèipǐn：不合格品。おしゃか。

141. 有奶就是娘

Yǒu nǎi jiùshì niáng.

乳をくれれば母親。

【解説】

"娘"は「母親」のこと。人は、誰でも利を与えてくれる人のところに寄っていくことを言ったもの。"**有肉是福** yǒu ròu shì fú, **有奶是娘**"（肉があれば幸せ、乳をくれる人が母親）ともいう。これは貧乏のどん底に喘ぐ者の本心かも知れないが、人々はそうした者を"**蠢猪** chǔnzhū"と畜生扱いにしている。

権勢富貴にすり寄っていく人間の現金な姿を述べた諺をいくつか挙げておこう。

"**狗朝屁走，人朝势走** gǒu cháo pì zǒu, rén cháo shì zǒu"（犬は屁に向かって行き、人は権勢に近寄る）、"**抱住粗腿有饭吃** bàozhù cūtuǐ yǒu fàn chī"（金権家にしがみついていればオマンマが食える）、"**蜜蜂只拣旺花飞** mìfēng zhǐ jiǎn wànghuā fēi"（蜜蜂は盛りの花を選んで飛んでいく）。

【用例】

a：小梁见了我像不认识似的，他这是怎么了？忘了我那会儿给他辅导，帮他找工作的事了？

b：现在他需要的是出国留学，你帮不上他的忙，他还理你干什么？

a：那他现在鳔上谁了？

b：没看见他整天不离老刘吗？

a：哎呀！老刘虽然有点儿权，可是名声太臭，他能有好果子给他吃吗？

b：那个家伙"有奶就是娘"。再说，这俩人也是半斤八两，你就别管他了。

a：小梁(シアオリャン)は私を見ても知らないみたいだが、これはどういうことか。私があの時指導して仕事を捜すのを助けてやったことを忘れてしまったのか。

b：今彼が必要としているのは国外留学で、君が彼を助けてあげられないのだから、彼が君に知らんぷりしているわけさ。

a：じゃあ彼は今誰にくっついているのかね。

b：彼が一日中老劉(ラオリュウ)から離れないのを見てないかい。

a：あれあれ、老劉は少し権限はあるけれど、評判がすごく悪い。彼が小梁に「御馳走」をあげられるかね。

b：あいつは「乳をくれれば母親」だ。それに、あの二人はどっちもどっち、相手にするなよ。

【語注】

像 xiàng **…似的** shìde：まるで…のようだ。　**那会儿** nàhuìr：あの時。　**辅导** fǔdǎo：助言指導する。　**帮他的忙** bāng tā de máng：彼に手伝ってあげる。　**理** lǐ：相手にする。かまう。　**鳔上** biàoshang：へばりつく。ぴったりくっつく。　**名声臭** míngshēng chòu：評判が悪い。　**半斤八两** bànjīn bāliǎng：似たり寄ったり（旧制の1斤は16両であった）。

142. 有钱难买子孙贤

Yǒu qián nán mǎi zǐsūn xián.

金があってもよい子孫は買い難い。

【解説】

よい跡継ぎは金では買えないということ。

類似の諺に、"富贵好，不如子孙好 fùguì hǎo, bùrú zǐsūn hǎo"（富貴も好いが、よい子孫には及ばない）、"不怕千军万马，就怕妻子不贤子不孝 bù pà qiānjūn-wànmǎ, jiù pà qīzi bù xián zǐ bù xiào"（千軍万馬も怖くない、ただ怖いのは愚かな妻と不孝な子供）、"养得一子贵，何用子孙多 yǎngdé yī zǐ guì, héyòng zǐsūn duō"（一人よい子が生まれたら、沢山の子孫はいらない）などがある。

因みに、"有钱难买〜"の形の諺は少なくない。〜の部分のみ挙げれば、"亲生子 qīnshēngzǐ"（実の子）、"少年时 shàoniánshí"（若かりし頃）、"早知道 zǎo zhīdao"（予知予見）、"后悔药 hòuhuǐyào"（後悔の薬）などがある。

【用例】

a：王经理去世了，三个儿子为遗产打得一团胡涂，连给老人正正经经办一个丧事的心都没有。

b：真想不到，老王要强了一辈子，事业上呱呱叫，到老来却没有一个孝顺的儿子。

a：这不新鲜，老话儿说"有钱难买子孙贤"，这不正应在他身上了吗？

b：你别说，老话儿还真有点儿道理！

a：王(ワン)社長が亡くなって、三人の息子が遺産のために大騒ぎをし

たが、老人のために真面目に葬儀をしようという気持ちなど全くない。
b：全く思いもよらぬことだ。老王は生涯頑張って、事業も素晴しかったのに、老後になって孝行息子が一人もいないとは。
a：これは珍しいことではない。諺にも「金があってもいい子孫は買い難い」というが、正に彼の身の上で実証されたんじゃないか。
b：全くだ。諺にも道理はあるんだ。

【語注】

打得一团胡涂 dǎde yītuán hútu：ゴタゴタ争って収拾がつかない。 **办丧事** bàn sāngshì：葬儀を営む。 **要强了一辈子** yàoqiángle yíbèizi：一生涯頑張った。 **呱呱叫** guāguājiào：素晴らしい。 **老来** lǎolái：老後。 **孝顺** xiàoshùn：孝行する。 **不新鲜** bù xīnxian：珍しくない。 **你别说**：全くだ。その通りだ。

143. 有钱能使鬼推磨

Yǒu qián néng shǐ guǐ tuī mò.

金があれば幽鬼にも臼を引かせることができる。

【解説】

"鬼"は「幽鬼、幽霊」。"磨 mò"は「ひき臼」。多くは驢馬に引かせる。金さえあれば、どんな事でもできるという喩えである。"有钱可以通神 tōngshén"、"钱能通神"（金は神通力をもつ）ともいう。日本の諺では「地獄の沙汰も金次第」が相当しよう。

「世の中万事が金」を説いた諺には、"金钱是万能的 jīnqián shì

wànnéng de"（金は万能である）、"有钱万事圆 wànshì yuán"（金があれば万事めでたし）の外、"有钱有势就有理 yǒu qián yǒu shì jiù yǒu lǐ"（金あり権勢あれば理もできる）とか、"谁有钱，谁有理"（誰でも金がある者に理がある）とかいうが、極め付きは、"有钱不是万能，无钱万万不能"（金があっても万能ではないが、金がなければ全然だめだ）であろうか。

【用例】

a：听说陈相宝的儿子进重点学校了？
b：是啊。
a：我教过他，知道他的水平。他要是考得上，就没人考不上了！
b：他不行，可他爸爸行呀！一下子赞助了学校十好几万！
a：这不是"有钱能使鬼推磨"了吗？
b：好坏另论，反正你不能说钱没用吧？

a：陳^{チェンシアンバオ}相宝の息子が重点校に入ったそうだが。
b：そう。
a：僕はその子に教えた事があって彼のレベルを知っている。彼が合格できるなら、合格できない者はいないよ。
b：あの子はだめだが、彼の父親は大したものだ。いっぺんに学校へ十何万も寄附したんだ。
a：それは「地獄の沙汰も金次第」だな。
b：善し悪しは別にして、とにかく金は役に立たないとは言えないだろう。

【語注】

考得上：合格できる。　**一下子** yīxiàzi：いっぺんに。　**赞助** zànzhù：賛助する。寄附する。　**十好几万** shí hǎo jǐ wàn：十何万も。　**好**

坏另论 hǎohuài lìng lùn：善し悪しは別に論ずる。善し悪しは別にして。 **反正** fǎnzhèng：いずれにせよ。とにかく。

144. 有钱王八坐上席

Yǒu qián wángba zuò shàngxí.

金があれば馬鹿も上座に坐る。

【解説】

"王八"は"忘八蛋 wángbadàn"（馬鹿者）に同じ。"坐上席"は"大三辈 dà sānbèi"（3世代上になる）とも、"是大爷 shì dàyé"（旦那になる）ともいう。また、この句の後にはしばしば"落魄凤凰不如鸡 luòpò fènghuáng bùrú jī"（落ちぶれた鳳凰は鶏にも及ばない）という句が対になる。

わが国の諺では、「金があれば馬鹿も旦那」とか、「金があれば馬鹿も利口になる」「銭は馬鹿かくし」などという。

類似の諺に、"有钱男子汉 nánzǐhàn, 无钱男子难"（金があれば大の男、金がなければ男であるのも難しい）とか、"有钱一条龙 yī tiáo lóng, 无钱一条虫 chóng"（金があれば1頭の龍、金がなければ1匹の虫けら）などがある。

【用例】

a：你看那个人财大气粗的样儿，进门就往上座上一坐，好像是应该的，真讨厌！

b：就是！"持才傲物"虽不好，但还能理解，他呢，只是有点儿钱，就"持财傲物"了，真看不惯！

a：没办法，这就是"有钱王八坐上席"嘛！

a：見ろよ、あの男、金があるので鼻息の荒い様子、入って来るなり上座に坐り、あたかも当然のことのようで、本当に嫌いだ。
b：全く。才能があって尊大なのもよくないが、それはまだ分かる。彼はね、ただ小金があるだけで傲慢なんで、全く気に食わない。
a：しょうがない。これが正に「金があれば馬鹿も上座に坐る」というのさ。

【語注】
财大气粗 cái dà qì cū：金があって鼻息が荒い。 **讨厌** tǎoyàn：嫌いだ。 **持才傲物** chí cái ào wù：才能があって尊大である。 **持财傲物** chí cái ào wù：金があるために尊大である。 **看不惯** kànbuguàn：気に入らない。

145. 与人方便自己方便

Yǔ rén fāngbiàn zìjǐ fāngbiàn.

人に便宜を図れば自分の便宜にもなる。

【解説】
人に親切にしておけば、いずれ自分が人の親切を受けることになるということである。わが国の諺では「人のためは我がため」「情は人のためならず」などという。

これとやや異なるが似た諺に、"你有心，我有意"（魚心あれば水心）、"人心换 huàn 人心"（人間らしい心で対すれば、相手も人間らしい心で応ずる）がある。また、既出68. "篱帮桩，桩帮篱"

（垣根は杭を助け、杭は垣根を助ける）も「世の中は相持ち」という意味である。

　こうした態度は打算的として嫌う人もいるかも知れない。そうした向きには次の諺をお勧めする。"但得方便地，何处不为人 dàn dé fāngbiàn dì, héchù bù wèi rén"（便宜を図れさえするなら、どこでも人のためになれないことはない）。

【用例】
a：小周老让我帮她找资料，我都烦了。
b：你手头材料那么多，顺手给她找一点儿，不就成了吗？
a：可是她还挺挑剔的，指着名叫我给她找。
b："与人方便自己方便"，说不定你以后也得求她呢！

a：小周(シアオチョウ)はいつも私に資料捜しを手伝わせるけど、私はもう面倒になったわ。
b：あなたの手許の資料は随分多いんだから、ついでに彼女に少しぐらい捜して上げてもいいんじゃない？
a：でも彼女はまだ随分選り好みして、名前を挙げて私に捜させるの。
b：「情けは人のためならず」よ、あなたも将来彼女に頼まなければならないかも知れないわ。

【語注】
　找资料 zhǎo zīliào：資料を捜す。　**手头** shǒutóu：手許。　**顺手** shùnshǒu：事ついでに。　**挑剔** tiāoti：けちをつける。選り好みする。　**指名** zhǐmíng：名指しする。　**说不定** shuōbudìng：～かも知れない。

146. 远水救不了近火

Yuǎnshuǐ jiùbuliǎo jìnhuǒ.

遠くの水は近くの火事を消せない。

【解説】
「消火する」ことを中国語では"救火"という。遠くのものはいざという時に役に立たない、あるいは緩慢な方法では目前の差し迫った問題を解決できないという喩えである。

類似の諺に、"远水不解近渴 yuǎnshuǐ bù jiě jìnkě"（遠くの水は目前の渇きをいやせない）、"远亲不如近邻 yuǎnqīn bùrú jìnlín"（遠くの親戚は近くの隣人に及ばない）などがある。後の方はわが国でも「遠くの親類より近くの他人」としてよく使われている。

手近なもの、実在のものを優先するのは人情で、「明日の百より今日の五十」「先の雁より手前の雀」などというが、中国語では"天上仙鹤不如手中麻雀 tiānshang xiānhè bùrú shǒuzhōng máquè"（天上の鶴より手中の雀）という。

【用例】
a：你最近不工作，生活没问题吗？你的脸色可不大好。
b：我正写小说呢，和出版社约好了，稿费不算少。等出版了，经济上就能翻身了。
a：你别做梦了，傻子才这么干呢！等稿费下来那还不是猴年马月的事？"远水救不了近火"，你还是先打打零工，解决目前的生活问题吧！

a：君は近頃仕事をしないで、生活は問題ないのかい。顔色があまり良くないぞ。

ｂ：小説を書いているところだ。出版社と話がついていて、原稿料も少なくない。出版したら、経済的に立ち直れるよ。

ａ：夢を見てちゃいけない。それは愚か者がすることだ。原稿料が出るのを待っていたっていつのことか分かりゃしないじゃないか。「遠くの水は近くの火事を消せない」だよ。やはり先ずアルバイトでもして、目前の生活問題を解決しなくちゃ。

【語注】

　约好 yuēhǎo：ちゃんと約束する。　**等** děng～：～したら。　**翻身** fānshēn：立ち上がる。生まれ変る。　**做梦** zuò mèng：夢を見る。　**傻子** shǎzi：愚か者。馬鹿者。　**猴年马月** hóunián mǎyuè：サル年のウマ月（いつのことか分からないことをいう）。　**打零工** dǎ línggōng：臨時雇いの仕事をする。

147. 丈二的和尚摸不着头脑

Zhàng èr de héshang mōbuzháo tóunǎo.

一丈二尺の坊さんはその頭に触(さわ)ることができない。

【解説】

背丈が一丈二尺もある坊さんは、普通の人はその頭に触ることができないというのが表の意味だが、"摸不着头脑"には「事のわけが分からない、見当がつかない」という意味があり、この諺は「何がなんだか分らない」という意味である。

実はこの諺は"歇后语 xiēhòuyǔ"と呼ばれる謎かけ式のしゃれ言葉の体裁をとっていて、"丈二的和尚"とかけて、後の"摸不着头脑"（頭を触れない→見当がつかない）を心にしているのである。

既出124. の"乌鸦笑猪黑"（烏が豚の黒いのを笑う）も、この後に"自己不觉得 zìjǐ bù juéde"（自分のことに気が付かない）を続けると歇後語になるのである。

【用例】

a：昨天咱们老同学聚会以后我挺高兴地回家，刚进门，我妻子就冲我大发脾气，弄得我"丈二的和尚摸不着头脑"，到现在也还不明白她是为了什么！

b：诶，你在学校和刘湘谈恋爱的事，你妻子知道吧？

a：当然知道啊，她也认识刘湘。

b：你一早出门挺晚的才回去，咱们一起聚会的人里又有刘湘，那她为什么发脾气这不是明摆着的事吗！

a：昨日僕らの旧友の集りの後、上機嫌で帰宅したのだが、家に

入るなり、女房が僕に当たり散らし、僕は「一丈二尺の坊さんは頭が触れない」で、今になってもまだ、彼女がどうしたのか分からないんだ。

b：おい、君は在学中劉 湘(リュウシアン)と恋愛していたこと、奥さんは知っているんだろう？

a：勿論知っているさ。彼女も劉湘とは顔見知りだ。

b：君は朝早くから外出して大変遅くなるまで帰らず、一緒に集った人の中に劉湘もいたんだから、彼女がどうしてかんしゃく起こしたか分かりきった事じゃないか。

【語注】

聚会 jùhuì：集会をする。 **刚** gāng：～したばかり。 **冲** chòng：～に向かって。対して。 **发脾气** fā píqì：かんしゃくを起こす。当り散らす。 **弄得我** nòngde wǒ ～：私を～の状態にさせる。 **谈恋爱** tán liàn'ài：恋愛をする。 **一早** yìzǎo：朝早くから。 **明摆着** míngbǎizhe：はっきりしている。分かりきっている。

148. 种瓜得瓜，种豆得豆

Zhòng guā dé guā, zhòng dòu dé dòu.

瓜を蒔けば瓜が取れ、豆を蒔けば豆が取れる。

【解説】

何かをすればそれ相応の結果を得るということだが、この後にはしばしば"一切祸福，自作自受 yíqiè huòfú, zìzuò zìshòu"（すべて禍福は自業自得）という句が続き、もともとは仏教的因果応報の考えを表わしていた。わが国の諺では「蒔かぬ種は生えぬ」

が相当しよう。

類似の諺には、"树荆棘得刺，树桃李得荫 shù jīngjí dé cì, shù táolǐ dé yīn"（イバラを植えれば刺(とげ)が得られ、桃李を植えれば木陰が得られる）とか、"好树结好果，好铁铸好钢 hǎoshù jiē hǎoguǒ, hǎotiě zhù hǎogāng"（良い木には良い実がなり、良い鉄から良い鋼材が鋳造される）など少なくない。

なお、「蒔かぬ種は生えぬ」をそのまま表から訳すと、"春不种，秋不收 chūn bù zhòng, qiū bù shōu"（春に植えなければ秋に取れず）という。また、「瓜の蔓に茄子(なすび)はならぬ」も表から訳すと、"乌鸦生不出凤凰 wūyā shēngbuchū fènghuáng"（烏から鳳凰は生まれない）という。

【用例】
a：你女儿的学习真不错。不到一年，汉语能说能写了！
b：她在学习上倒是真努力。别人玩儿的时间，她都用来学习了。
a：我儿子整天玩，不知道这一年里他学什么了！
b：你儿子聪明，你别担心。
a：学习是"种瓜得瓜，种豆得豆"的事，他不下工夫，怎么能学到东西呢？
b：你别急，男孩儿开窍儿晚，等他一明白了，进步就快了。

a：娘さんは本当に良く勉強しますね。一年たらずで中国語を話し書けるようになって。
b：勉強はまあよく頑張ります。人が遊んでいる時間を勉強にあてていますから。
a：うちの息子は一日中遊んでいて、この一年間に何を勉強したのか分かりゃしない。
b：息子さんは頭がいいから、心配することはありませんよ。

a：勉強は「蒔かぬ種は生えぬ」ですから、努力しなければ何も身につきません。
b：焦ることはない、男の子は知恵の発達が遅いです。分かり出したら進歩は早いです。

【語注】
用来 yònglai～：～に使う。　**整天** zhěngtiān：一日中。　**担心** dānxīn：心配する。　**开窍儿** kāiqiàor：物心がつく。知恵がつく。

149. 嘴上无毛，办事不牢

Zuǐshang wú máo, bànshì bù láo.
口元に髭(ひげ)のない者は仕事が堅実でない。

【解説】
"嘴上无毛"は"嘴边没毛"ともいう。

若い者の仕事には往々にして手抜かりが多いということである。わが国の諺では「若竹笛にならず」がこれに相当しようか。

経験不足の若者の頼りなさを言った諺をいくつか挙げておこう。

"年轻肠子嫩 niánqīng chángzi nèn"（若い者は根性がない）。若い者は元気であるが無鉄砲であるというのに、"初生牛犊不怕虎 chūshēng niúdú bù pà hǔ"（生まれたばかりの子牛は虎を恐れない）があり、とかく挫折し易いというのに、"初生牛犊十八跌 diē"がある。また、"小马儿乍行嫌路窄 xiǎomǎr zhà xíng xián lù zhǎi"（子馬は歩き始めは路が狭いと嫌がる）は、かけ出しの若者が自分の力を発揮できないと不満を言う喩えである。

【用例】

a：我们单位的头儿，从上到下一色儿的小年青，最大的也没到四十。
b：他们干得怎么样？
a：目前还可以。可是"嘴上无毛，办事不牢"啊，不知道有没有长性。
b：你这个人思想太旧，现在四十几岁都能当中央的部长了，三十几岁的人还当不了你们这么个小厂子的头头儿？

a：うちの職場の長は、上から下まで皆一様に年若く、最高でも四十歳になってない。
b：彼らの仕事ぶりはどうだ？
a：目下はまあいい。しかし「若竹笛にならず」でね、いつまで続くか分からない。
b：あんたという人は考えが古い。今は四十幾つでも中央の大臣になれるんだ。三十幾つの人ならおたくのような小さい工場の頭(かしら)になれないことはないさ。

【語注】

单位 dānwèi：組織の部門。職場。　**头儿** tóur：頭(かしら)。長。　**一色儿** yísèr：みな一様に。　**小年青** xiǎoniánqīng："小青年"と同じ。若者。　**长性** chángxìng：恒常性。　**当不了** dāngbuliǎo：勤まらない。なれない。

150. 醉翁之意不在酒

Zuìwēng zhī yì bù zài jiǔ.

酔翁の意は酒に在らず。

【解説】

宋代の文人欧陽修は自ら"醉翁"（酒好きな老人、老愛酒家）と号した。客人が訪れると酔翁亭に至り杯を酌み交わすが、すぐ酔ってしまう。欧陽修はその名作『酔翁亭記』の中で、「酔翁の意は酒に在らずして、山水の間に在り」と、酒を飲むその真意は実は山水を愛でる楽しみにあるのだと記している。ここから標題の諺は、本当の目的はここにはなく別の所にあるのだという意味で使われている。

これに対応するわが国の諺といえば「敵は本能寺にあり」だろう。これも、明智光秀が備中の毛利を攻めると見せかけながら、京都の本能寺にいた織田信長を急襲した歴史的故事からでたものである。

人の言葉には表裏がある。諺には相手の言葉の裏にある意を察する心構えを説くものが少なくない。"声东击西 shēng dōng jī xī"（東を攻めると言い触らして西を攻める）とか、"指桑树，骂槐树 zhǐ sāngshù, mà huáishù"（桑の木を指してエンジュの木を罵る＝当てこすりを言う）などで、わが国でも「西と言ったら東と悟れ」という。

【用例】

a：那个女的怎么跟我那么热情呢？是不是对我有点儿意思？

b：你别做梦了！我告诉你吧，她是公关小姐，"醉翁之意不在酒"，准是有要你办的事。

a：哎呀！我刚在契约上签完字！
b：是不是？我说对了吧！

a：あの女性はなぜ僕にあんなに親切なんだろう。僕に少し気が
　　あるんじゃないかな。
b：夢を見ちゃいけない。言っておくけどね、彼女は渉外嬢だ。
　　「敵は本能寺にあり」で、きっと君に頼みたい事があるんだよ。
a：そうか！　契約書にサインしたばかりだ。
b：そうだろう？　僕の言った通りだ。

【語注】
　热情 rèqíng：親切だ。　**意思** yìsi：気持ち。その気。　**做梦** zuòmèng：夢を見る。　**公关小姐** gōngguān xiǎojie：渉外係の娘さん。渉外嬢。　**准是** zhǔnshì：きっと〜だ。　**签字** qiānzì：署名する。

日本語ことわざ索引

（数字は本文のことわざの番号。ゴシック数字以外は類句）

あ

合縁奇縁	89
相手の無い喧嘩はできない	136
空樽は音高し	75
悪銭身に付かず	45, 116
上げ膳据え膳	108
浅瀬に仇波	75
頭隠して尻隠さず	126
暑さ忘れりゃ蔭忘れる	82
後の祭り	20
虻蜂取らず	52
雨降って地固まる	7
蟻の穴から堤の崩れ	90
案ずるより生むが易し	21

い

言いたい事は明日言え	46
生き恥かくより死ぬがまし	42
医者の不養生	74
命あっての物種	42, 69

う

上を見ればきりがない	6
魚心あれば水心	145
兎を見て鷹を放つ	10
牛も千里馬も千里	86
馬に乗るまでは牛に乗れ	84
瓜の蔓に茄子はならぬ	36, 148
噂をすれば影とやら	119

え

英雄は英雄を惜しむ	129
絵に描いた餅	64
縁は異なもの味なもの	89

お

岡目八目	26
鬼の空涙	48, 77
己れの頭の蠅を追え	34
親思う心にまさる親心	83
親子の仲でも金は他人	92
親の心子知らず	83
泳ぎ上手は川で死ぬ	130
及ばぬ鯉の滝のぼり	64

か

駕籠に乗る人担ぐ人、その また草履を作る人	6
河童の川流れ	23

— 229 —

金があれば馬鹿も旦那	144	喧嘩の後の兄弟名乗り	7
金に親子はない	92		
金持ち喧嘩せず	128		

こ

孔子に論語	4
郷に入れば郷に従え	28
弘法にも筆の誤り	23
紺屋の白袴	74
虎穴に入らずんば虎子を得ず	114
志ある者は事ついに成る	115

禍福はあざなえる縄の如し	50
上正しかざれば下これにならう	110
亀の甲より年の功	55
鴨を打って鴛鴦を驚かす	109
借りる時の地蔵顔、返す時の閻魔顔	58
可愛い子には旅させよ	99
川立ちは川で果てる	130

き

聞けば聞き腹	132
気は心	88
窮鼠猫を嚙む	35
今日の一針、明日の十針	140
今日は今日、明日は明日の風が吹く	59
麒麟も老いては駑馬に劣る	117

さ

策士策におぼれる	22
酒は知己に逢うて飲むべし	61
座して食えば山も空し	108
猿も木から落ちる	23, 66
三人寄れば文殊の知恵	104

し

自画自讚	73
地獄の沙汰も金次第	143
児孫のために美田を買わず	31
舌の剣は命を断つ	112
知ったかぶりの恥かき	9
失敗は成功の基	17
死に馬に鍼	120
自慢は知恵の行き止まり	76
釈迦に説法	4
重箱の隅を（楊枝で）ほじくる	51

く

食うた餅より心持ち	88
腐っても鯛	117
苦しい時の神頼み	53

け

芸は道によって賢し	39
芸は身を助く	139

死んでの長者より生きての貧乏	42	**つ**	
死んで花実が咲くものか	42	土仏の水遊び	81

す

雀百まで踊りを忘れぬ　　113

せ

前車の轍	91	敵は本能寺にあり	150
船頭多くして船山へ登る	79	手習いは坂に車を押すごとし	11
千里の行も足下に始まる	85	手前味噌（を並べる）	73
千里の堤も蟻の穴から	90	出る杭は打たれる	98
		天は自ら助くる者を助く	115

そ

と

鼠口終に象牙なし	36	遠くの親類より近くの他人	146
その日暮しをする	27	毒を食らわば皿まで	134
損は儲けの始め	15	何処の烏も黒い	122
		所変われば品変わる	3

た

高い所に上がらねば熟柿は食えぬ	114	所に似せて絵をかく	28
宝の持ち腐れ	80	隣の花は赤い	54
他人の念仏で極楽参り	133	飛ぶ鳥の献立	38
他人の飯は白い	54	取らぬ狸の皮算用	38
男子の一言、金鉄の如し	62		

な

ち

池魚の災い	14	無いが意見の総じまい	65
智者にも千慮の一失	23	無い袖は振られぬ	87
仲裁は時の氏神	125	泣き面に蜂	95
		情は人のためならず	145
		習うは一生	49
		ならぬ堪忍するが堪忍	30

に

似た者夫婦	135
二度ある事は三度ある	50
二兎追う者は一兎をも得ず	52

ぬ

盗人を見て縄をなう	20

の

喉元過ぎれば熱さを忘れる	41, 82
登ることいよいよ高ければ落つることいよいよ深し	84
乗りかかった船	134

は

馬鹿があればこそ利口が引き立つ	78
禿が三年目につかぬ	94
初めの一歩、末の千里	12
八十の手習い九十に間に合う	49
早牛も淀遅牛も淀	86
腹が減っては戦ができぬ	100, 131

ひ

人の提灯で明かりを取る	133
人のふり見て我がふり直せ	91
人は人、我は我	60
貧家には故人疎し	96
貧すれば鈍する	72

ふ

深い川は静かに流れる	75
河豚は食いたし命は惜しし	127
船は帆でもつ帆は船でもつ	68

ほ

吠える犬は嚙みつかぬ	2
惚れた目にはあばたもえくぼ	94

ま

蒔かぬ種は生えぬ	148
馬子にも衣装	101
満は損を招く	76

み

身から出た錆	56
右は京道左は伊勢道	12
三日坊主	108
三つ子の魂百までも	113
見ぬもの清し	132
耳を覆って鈴を盗む	126

め

冥土の道に王なし	47
目糞が鼻糞を笑う	124

盲蛇に怖じず	18

も

餅は餅屋、酒は酒屋	39
元も子も失う	52
物平らかならざれば則ち鳴る	118
物は言い残せ、菜は食い残せ	46

や

やぶ医者の手柄話	63
病治って薬師忘る	82

よ

よく鳴く猫は鼠を捕らぬ	2
欲は身を失う	102
世の中は相持ち	68, 138
世は相身互い	138
寄らば大樹の陰	1
弱り目に祟り目	95

ら

楽にいて苦を思え、苦にいて楽を思うな	13

り

両雄並び立たず	32

ろ

老少不定は世の習い	47
ローマは一日にして成らず	85

わ

若竹笛にならず	149

著者紹介

金丸邦三［かなまる・くにぞう］
　　　　　　東京外国語大学名誉教授（中国語学・文学）
孫　玄齢［そん・げんれい］
　　　　　　麗澤大学教授（中国音楽・演劇）

目録進呈　落丁本・乱丁本はお取替えいたします。

平成18年7月30日　　Ⓒ 第1版発行
平成19年4月30日　　　第2版発行

著　者	金　丸　邦　三
	孫　　玄　　齢
発行者	佐　藤　政　人

発　行　所

株式会社　**大　学　書　林**

東京都文京区小石川4丁目7番4号
振替口座　　00120-8-43740
電話（03）3812-6281〜3番
郵便番号　112-0002

中国語ことわざ用法辞典

ISBN978-4-475-01876-0　　ロガータ・横山印刷・牧製本

大学書林
語学参考書

著者	書名	判型	頁数
金丸邦三著	中国語四週間	B6判	408頁
金丸邦三監修 呉悦著	基礎からの上海語	A5判	336頁
金丸邦三編	広東語会話練習帳	新書判	120頁
中嶋幹起編	中国語基礎1500語	新書判	192頁
牛島徳次編 陳東海編	中国語常用6000語	B小型	304頁
沢山晴三郎編	中国語分類単語集	B6判	296頁
白銀志栄編	中国語会話練習帳（新稿版）	新書判	168頁
沢山晴三郎編	実用中国語会話	新書判	304頁
鐘ヶ江信光著	英語対照中国語会話	B6判	168頁
輿水優著	やさしい中国語の作文	B6判	312頁
土屋申一著	中国語文法入門	B6判	248頁
山本賢二編著	しりとりで覚える中国成語1000	新書判	156頁
鐘ヶ江信光編	中国語小辞典	ポケット判	520頁
鐘ヶ江信光編	中国語辞典	コンサイス判	1168頁
中嶋幹起編	広東語四週間	B6判	344頁
中嶋幹起編	広東語基礎1500語	新書判	128頁
中嶋幹起編	広東語常用6000語	B小型	368頁
中嶋幹起編	広東語分類語彙	B6判	296頁
中嶋幹起編	実用広東語会話	B6判	328頁
中嶋幹起著	現代廣東語辞典	A5判	832頁
温戴奎編	客家語会話練習帳	新書判	144頁

－目録進呈－